세계 문명, 살아 있는 신화

# 대영박물관

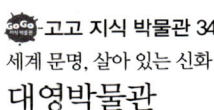
고고 지식 박물관 34
세계 문명, 살아 있는 신화
# 대영박물관
**글** 김소연 | **그림** 박진아

**초판 1쇄 펴낸날** 2008년 9월 25일 | **초판 6쇄 펴낸날** 2018년 5월 15일
**펴낸이** 최만영 | **편집장** 한해숙 | **기획** 우리누리 | **편집** 최현정 | **디자인** 최성수, 이이환
**마케팅** 박영준 | **경영지원** 김효순 | **제작** 강명주, 박지훈
**펴낸곳** ㈜한솔수북 | **출판 등록** 제2013-000276호 | **주소** 03996 서울시 마포구 월드컵로 96 영훈빌딩 5층
**전화** 02-2001-5822(편집), 02-2001-5828(영업) | **전송** 02-2060-0108
**전자우편** isoobook@eduhansol.co.kr | **북카페** cafe.naver.com/soobook | **페이스북** www.facebook.com/soobook2
**ISBN** 978-89-535-4983-8 74030 **ISBN** 978-89-535-3408-7(세트)

ⓒ 2008 우리누리·㈜한솔수북
※저작권법으로 보호받는 저작물이므로 저작권자의 서면 동의 없이 다른 곳에 옮겨 싣거나 베껴 쓸 수 없으며 전산장치에 저장할 수 없습니다.
※값은 두 표지에 있습니다.

**어린이제품안전특별법에 의한 제품 표시**
**품명** 아동 도서 | **사용연령** 만 8세 이상 어린이 제품 | **제조국** 대한민국 | **제조자명** ㈜한솔수북 | **제조년월** 2018년 5월

한솔수북의 모든 책은 아이의 눈, 엄마의 마음으로 만듭니다.

세계 문명, 살아 있는 신화

# 대영 박물관

## 세계 문화 여행, **대영박물관**

달빛도 없는 으스스한 밤이에요. 대영박물관에서 무시무시한 재판이 열렸어요. 무슨 재판이냐고요? 바로 '유물 귀환 방해 사건'을 다루는 재판이지요. 그날 오후까지만 해도 점잖게 관람객을 맞이하던 유물들이 한자리에 모여 목소리 높여 외쳤지요.

재판정 증인석에 선 증인들을 한번 볼까요? 이름만 들어도 탄성이 절로 나올 만한 대단한 분들이에요.

메소포타미아의 날개 달린 사자, 고대 이집트의 위대한 왕, 그리고 파르테논 신전의 아름다운 조각과 고대 유럽의 청동 물병……, 그뿐인가요? 검은 왕국 아프리카의 신비스러운 가면과 마야, 잉카의 보물들, 거기다 인도와 폴리네시아의 신상까지, 정말 지구를 한 바퀴 돌며 문화 기행을 하는 듯하지요. 동양 유물로는 중국과 일본의 품격 높은 예술품까지 증인으로 나와서 제 나라의 찬란한 문명을 한껏 뽐내지요.

놀라지 마세요. 마지막으로 나온 증인은 해 뜨는 동쪽 끝에서 온 귀한 손님이랍니다. 재판정에 있던 청중들도 이 마지막 손님이 선보이는 예술품에서 눈을 뗄 수가 없었어요.

이 모든 증인들은 앞다투어 스콧 관장한테 묻지요. 언제쯤 고향으로 돌려보내 줄 거냐고요.

자, 여러분 이만한 재판이면 구경할 만하겠죠?

우리 재판이 어떻게 진행되는지 잘 살펴보자고요. 또 고집불통 막무가내 스콧 관장이 마지막으로 무엇을 선택하는지 한번 들어보아요.

글쓴이 김소연

## 차례

머리말 ...04
재판정에 선 사람들 ...08

### 유물을 돌려달라고? 어림없는 소리! ...10

### 스콧 관장, 재판정에 서다! ...18
대영박물관의 역사

### 첫 번째 증인, 먼 인류의 조상 ...28
[고대 메소포타미아 지방]
날개 달린 사자의 형상을 한 반인반수의 거상
수메르 푸아비 왕비의 수금
메소포타미아의 원통 인장

### 두 번째 증인, 위대한 고대 왕국 ...38
[고대 이집트]
람세스 2세 / 연회 장면 묘지 장식 / 로제타석

### 세 번째 증인, 서양 문명의 요람 ...48
[그리스]
파르테논 신전의 조각품 / 아킬레우스의 결투 항아리

### 네 번째 증인, 옛 유럽의 지배자들 ...56
[고대 유럽]
바스유츠의 물병 / 배터시의 방패

### 다섯 번째 증인, 검은 왕국의 왕들 …64
[아프리카]
이페 왕국의 오니 / 에도 족의 상아 탈

### 여섯 번째 증인, 마야와 잉카의 후예들 …70
[중남미]
푸른 테스카틀리포카 신의 머리 / 머리가 둘인 뱀

### 일곱 번째 증인, 신이 사는 나라 …80
[인도와 오세아니아]
난쟁이를 밟고 선 시바 / 폴리네시아 신상

### 여덟 번째 증인, 동쪽에서 온 예술품 …92
[중국, 일본]
루안의 좌상 / 호쿠사이 목판화

### 아홉 번째 증인, 해 뜨는 땅에서 온 마지막 손님 …104
[한국]
아미타불경 채색 사본 / 유학자의 초상

### 판사의 판결 …114

로마와 중세, 르네상스의 유물들 …120

# 재판정에 선 사람들

### 스콧 관장

교양 있고 아는 게 정말 많은 대영박물관 관장이에요. 대영박물관이 세계 으뜸 박물관이라며 우쭐대지만, 부쩍 잦아진 여러 나라의 유물 반환 요구에 골머리를 앓고 있답니다. 하지만 이 콧대 높은 관장은 대영박물관 유물은 동전 하나라도 돌려줄 수 없다며 고집을 피우지요. 그러다 마침내 고향으로 돌아가기를 원하는 유물들 때문에 재판을 받지요.

### 한스 슬론 경

대영박물관을 만드는 데 큰 공헌을 한 의사 선생님이에요. 골동품을 모으는 취미가 남다르지요. 돌아가신 지 이백 년이 넘었지만 판사 역을 맡는 바람에 얼떨결에 이승에 오게 되지요. 잠이 덜 깨어 재판을 하면서 줄기차게 하품을 하지만, 마음씨는 정말 좋은 판사예요.

### 배심원들

콧대 높은 스콧 관장을 재판에 나오게 한 유물들이에요. 대영박물관을 가득 메우고 있는 귀중한 보물이자, 인류 문명을 말해 주는 중요한 유물들이지요.

### 샤브티

이집트 전시관에 있는 주술 인형을 닮아 샤브티라고 하지요. 샤브티란 원래 무덤에 넣는 부장품으로 무덤 주인이 시키는 일은 무엇이든 다 하는 심부름꾼이지요. 샤브티는 스콧 관장을 재판정으로 데려오고 재판 내용을 꼼꼼히 써 두지요.

## 유물을 돌려달라고?
# 어림없는 소리!

"저, 관장님 퇴근 안 하십니까?"

야간 순찰을 하던 경비 아저씨가 관장실 문틈으로 고개를 내밀었어요. 박물관 가장 안쪽에 있는 관장실에 불이 환하게 켜져 있었거든요.

"담화문을 더 써야 하네. 자네는 상관하지 말고 가서 일 보게."

커다란 책상 앞에 앉아 팔짱을 끼고 있던 스콧 관장이 경비 아저씨를 힐끗 바라보며 대꾸했어요. 그 목소리가 어찌나 차갑던지 관장실 공기가 한순간 얼어붙는 듯했어요. 경비 아저씨는 모기만 한 소리로, "네" 하고 대답하고는 재빨리 문을 닫았지요.

"휴, 관장님 신경이 많이 날카로우신 게로군."

경비 아저씨는 도망치듯 복도를 빠져 나갔어요.

"어휴, 도대체 뭐라고 쓴담?"

널따란 책상 위에는 하얀 종이와 만년필이 얌전히 놓여 있었어요. 스콧 관장은 이 둘을 번갈아 노려보며 이맛살을 찌푸렸어요. 그러다 목을 조이고 있던 나비넥타이를 풀며 한숨을 내쉬었어요. 스콧 관장이 박물관에서 넥타이를 풀다니, 정말 보통 일이 아닌가 봐요. 스콧 관장은 대영박물관에서 일한 지 이십 년이 넘었지만 박물관에서 넥타이를 푼 적은 한 번도 없었거든요.

스콧 관장은 대영박물관에서, 아니 런던 사교계에서 알아주는 멋쟁이 박사님이에요. 그런 관장이 퇴근도 하기 전에 넥타이를 풀다니, 교양과 학식을 자존심으로 여기는 스콧 관장답지 않았어요. 하지만 스콧 관장도 어쩔 수 없었어요. 내일 아침 신문에 낼 담화문을 쓰느라 숨통이 막힐 지경이었거든요.

"이집트와 그리스가 끈질기게 유물을 돌려달라고 졸라 대더니, 이제는 아프리카와 남미까지 덩달아 보채니 이를 어쩐단 말이야. 무슨 좋은 방법이 없을까?"

스콧 관장은 고개를 절레절레 저었어요.

대영박물관은 인류의 문화유산을 모으고 전시하는 박물관으로는 세계 으뜸 수준이에요. 심지어 어떤 나라에서는 자기 나라의 고대 역사를 알려고 대영박물관을 찾아오기도 해요. 그 덕분에 대영박물관은 런던의, 아니 영국의 으뜸 자랑거리로 손꼽히지요.

하지만 여러 나라에서 유물을 돌려달라는 요구가 이어졌어요. 그 가운데 가장 손꼽히는 유물이 바로 '엘긴 대리석'이에요. 그리스 정부는 벌써 몇십 년째 파르테논 신전의 장식 대리석인 엘긴 대리석을 돌려달라고 조르고 있어요.

처음에는 들은 척도 안 하던 대영박물관도 유물 반환 이야기가 들끓자 모른 척할 수만은 없었어요. 이제는 영국 안에서도 조금씩 유물을 돌려줘야 하는 게 아니냐는 얘기가 나오고 있으니까요. 그렇지만 스콧 관장의 생각은 한 치의 흔들림도 없어요.

"안 되지, 안 돼. 절대로 안 돌려줄 거야. 유물을 가져올 때는 아무 말도 없던 사람들이 왜 이제 와서 유물을 돌려달라고 난리를 치는지 알 수가 없다니까."

스콧 관장은 주먹을 부르르 떨며 소리쳤어요.

"이렇게 훌륭한 박물관에 있는 것만으로도 고마워해야 할 일 아니야?"

스콧 관장은 뾰족한 콧대를 쳐들며 콧방귀를 뀌었어요. 스콧 관장한테 대영박물관 유물은 동전 하나라도 정말 소중한 전시품이거든요. 대영박물관이 세계 삼 대 박물관이 될 수 있었던 것도 모두 이런 애정 덕분이라고 생각했지요. 한참을 고민하던 스콧 관장은 만년필을 들었어요.

"역시 안 되겠어. 내가 관장 자리에 있는 한 유물을 되돌려 주는 일은 절대 일어날 수 없지. 암, 그렇고 말고."

스콧 관장은 유물을 되돌려 줄 수 없다는 담화문을 써 내려갔어요. 글도 되도록 딱딱하고 엄격하게 쓰려고 애를 썼지요.

"그러니까 애석하게도 이번에 유물을 돌려달라는 여러 나라의 요청은 정중히 거절할 것을 밝힙니다. 그리고 앞으로 어떠한 때라도……."

스콧 관장은 팔목에 힘을 주며 한 글자 한 글자 또박또박 썼어요. 조금 뒤 드디어 그토록 쓰기 어렵던 담화문을 다 썼어요. 거침없이 글을 쓰던 스콧 관장은 웃으며 의자 등받이에 기대었어요.

"우리 선조들이 공들여 모은 유물을 맥없이 빼앗길 수는 없지."

스콧 관장은 마음을 정하고 나니 한결 느긋해졌어요.

"자, 이제 할 일도 마쳤으니 슬슬 퇴근을 해 볼까."

스콧 관장은 콧수염을 만지작거리며 몸을 일으키려 했어요.

그런데 이게 웬일인가요. 스콧 관장은 일어설 수가 없었어요. 마치 엉덩이와 등이 의자에 꽉 달라붙은 것처럼 안 떨어지는 거예요.

"아니, 갑자기 왜 이러지? 몸을 움직일 수가 없어."

몹시 당황한 스콧 관장은 팔다리를 휘저으며 소리쳤어요.

"경비원, 경비원!"

스콧 관장은 책상 위에 있는 전화기를 집어 들려고 했어요. 하지만 팔이 전화기에 안 닿았어요.

당황한 스콧 관장은 체면도 잊은 채 살려달라고 소리를 질렀어요. 그때 책상 위로 조그만 물체가 뛰어올랐어요.

"아유, 시끄러워. 점잖은 분인 줄 알았는데 정말 호들갑스러우시네요."

깜짝 놀란 스콧 관장은 소리나는 쪽을 바라보았어요. 그것은 놀랍게도 작은 인형이었어요. 고대 이집트 옷을 입은 인형은 돌로 만든 것처럼 반질반질 윤이 났어요.

스콧 관장은 인형을 뚫어지게 바라보다가 소리쳤어요.

"아니, 넌 샤브티를 닮았구나. 네가 왜 여기 있어?"

맞아요. 인형은 이집트 전시관에 있는 샤브티와 정말 닮았어요.

샤브티 인형은 돌이나 흙으로 만든 작은 조각상이에요. 주로 왕이나 왕족이 죽으면 무덤에 함께 묻는 부장품이지요. 샤브티는 무덤 주인의 심부름꾼으로 무덤 속에서 주인이 시키는 일은 무엇이든 하는 주술 인형이에요.

"혹시 박물관에 도둑이 든 거야? 그래서 네가 이렇게 돌아다니는 거냐?"

스콧 관장은 자기 몸이 의자에 붙은 것도 잠시 잊은 채 박물관 걱정부터 했어요.

"도둑 걱정은 마세요. 경비원 아저씨가 잘 지키고 있으니까요. 그보다도 관장님을 더 걱정하셔야 할 것 같은데요. 이제 곧 재판을 받게 될 테니까요."

샤브티는 깡충깡충 뛰어 스콧 관장의 코밑까지 다가왔어요. 그러고는 파피루스 두루마리를 스콧 관장 앞에 펼쳐 보였어요.

"이건 재판정에 나오라는 명령서예요. 읽어보시고 저와 같이 재판정으로 가셔야 해요."

두루마리에는 고대 이집트의 상형 문자가 쓰여 있었어요.

"아는 것이 많은 대영박물관 관장이라면 당연히 상형 문자쯤은 읽으시겠지요?"

샤브티가 종이를 탈탈 털며 말했어요. 스콧 관장은 어리둥절하다는 듯이 샤브티와 파피루스 종이를 번갈아가며 바라보았어요.

"아니, 내가 무슨 잘못을 했다고 재판정에 나간단 말이냐? 재판에 나오라는 명령서라면 영어로 써 있어야지 뜬금없이 웬 고대 이집트 문자야?"

"그거야 고대 이집트 유물들이 재판을 신청했으니까 그렇죠. 잘못이 있는지 없는지는 재판을 받아보면 아실 거예요. 시간 없으니 빨리 서두르세요."

샤브티는 까칠한 목소리로 스콧 관장을 재촉했어요. 스콧 관장은 하는 수 없이 상형 문자를 떠듬떠듬 읽었어요.

"그러므로 존 허슬리 스콧 관장은 20일 밤 열두 시까지 재판정에 나와 재판받기를 명한다……?"

"다 읽으셨지요? 그럼 이제 저와 같이 재판정으로 가요. 의자 팔걸이 꽉 잡으세요!"

스콧 관장은 무슨 말을 하려고 입을 벙긋거렸지만 샤브티는 못 본 척 주문을 외우고 있었어요. 스콧 관장은 태어나서 처음 듣는 주문을 외우는 샤브티를 멍하니 바라보다, 그만 "으악" 하고 비명을 질렀어요.

스콧 관장이 앉아 있던 가죽 의자가 공중으로 붕 뜨더니 대리석 바닥 밑으로 쑥 빨려 들어가지 뭐예요. 마치 놀이동산에 있는 놀이 기구처럼이요. 순식간에 벌어진 일에 겁을 잔뜩 먹은 스콧 관장은 두 눈을 질끈 감고 팔걸이를 움켜쥐었어요.

시간이 조금 지나자 심하게 흔들리던 의자가 조용해지더니 어딘가로 내려앉았어요. 스콧 관장은 벌렁거리는 가슴에 손을 얹고 가만히 눈을 떴어요. 그러자 둘레가 환하게 밝아왔어요.

"여긴 어디지?"

스콧 관장이 둘레를 살펴보는데 저 위쪽에서 탕탕 하는 나무 망치 소리가 들렸어요.

"이제부터 스콧 관장의 재판을 시작하겠습니다. 모두 조용히 해 주십시오."

스콧 관장은 소리나는 쪽을 올려다보다 그만 소리치고 말았어요. 자신이 어느새 커다란 재판정 한가운데 와 있었거든요.

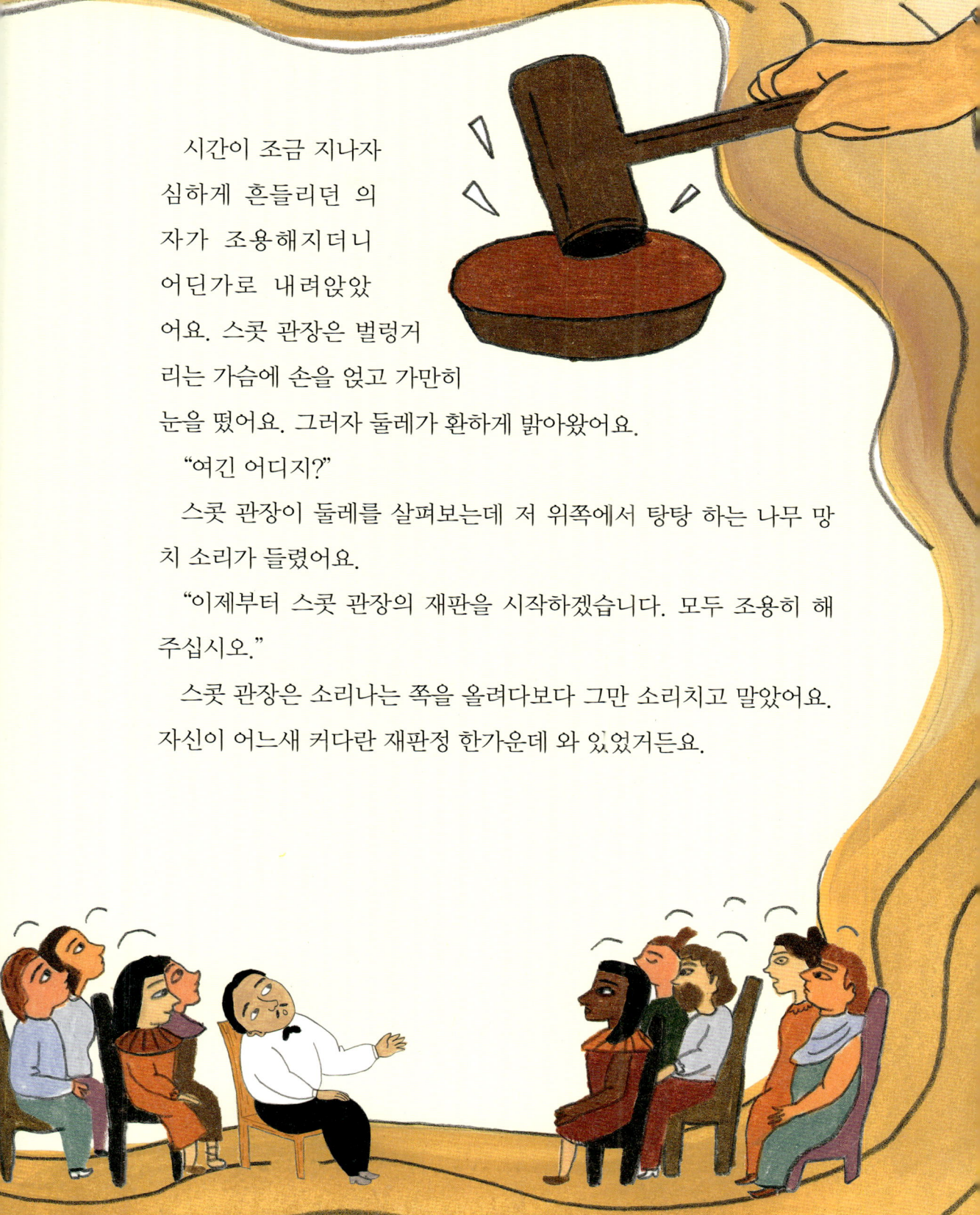

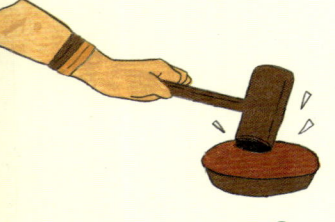

# 스콧 관장, 재판정에 서다!
**대영박물관의 역사**

　스콧 관장은 커다란 천장이 높이 솟은 재판정 한가운데에 앉아 있었어요. 엉덩이와 등은 아직도 의자에 꽉 붙어 꼼짝을 할 수가 없었지요.
　"도대체 여기가 어디지? 샤브티, 어디 있지?"
　스콧 관장은 두리번거리며 샤브티를 찾았어요. 그러자 저 위쪽에서 대답하는 소리가 들렸어요.
　"저 여기 있어요, 관장님!"
　스콧 관장은 고개를 들어 위를 봤어요. 거기에는 높다란 판사 의자가 스콧 관장의 눈앞을 가로막고 있었어요. 그 둘레에는 계단식으로 의자들이 있었지요. 거기에는 각 전시실에 있어야 할 갖가지 유물들이 와글와글 모여 앉아 있었어요.

스콧 관장은 동그란 경기장처럼 생긴 재판정을 보며 입을 딱 벌렸어요.

"도, 도대체 여기가 어디야?"

"여기도 박물관 안이에요. 재판이 끝나면 곧 어딘지 아실 수 있을 거예요."

샤브티는 계속 알쏭달쏭한 말만 했어요. 그러고는 재판 내용을 쓰는 사람이 앉는 자리로 가서 앉았어요.

"흠, 그럼 이제부터 대영박물관의 존 허슬리 스콧 관장의 재판을 시작하겠습니다."

재판정의 모서리에 서 있던 샤브티가 헛기침을 하며 목소리를 높였어요.

"그럼 먼저 이 재판에서 현명한 판결을 내려 주실 판사님을 모시겠습니다. 모두 자리에서 일어나 주십시오."

샤브티의 말에 유물들은 모두 자리에서 일어섰어요. 스콧 관장도 따라 일어서려고 했지만 의자에 붙은 엉덩이가 꿈쩍도 안 했지요.

"관장님은 앉아 계셔도 돼요. 재판이 끝날 때까지 의자에서 일어설 수 없을 테니까요."

"뭐라고?"

스콧 관장이 발끈하는데 기다란 가발을 쓴 판사가 재판정으로 들어섰어요. 판사는 하품을 늘어지게 하더니 판사 의자에 앉았어요.

"모두 자리에 앉으십시오."

판사가 근엄한 얼굴로 둘레를 바라보았어요. 그런데 판사는 잠이 덜 깬 듯 얼굴에 졸음이 가득했어요. 스콧 관장은 판사를 올려다보았어요. 어디선가 많이 본 듯한 얼굴이었어요.

"그럼 지금부터 존 허슬리 스콧 관장의 '유물 귀환 방해 사건' 재판을 시작하겠습니다."

판사는 나무망치를 내리쳐 재판을 열겠다고 알렸어요.

"잠깐만요!"

스콧 관장이 손을 번쩍 들었어요.

"존경하는 판사님, 재판을 시작하기 전에 제가 왜 이 재판을 받아야 하는지부터 말씀해 주십시오. 저는 재판을 받을 만한 잘못을 저지른 적이 없습니다."

그 말이 떨어지자 여기저기서 "우우" 하는 소리가 터져 나왔어요.

당장이라도 스콧 관장한테 돌이 날아들 기세였지요. 흠칫 놀란 스콧 관장은 어깨를 움츠렸어요.

"스콧 관장, 당신은 대영박물관에 있는 유물들이 자기 나라로 돌아가는 것을 방해한 잘못으로 이 자리에 온 것입니다."

판사는 너그러운 얼굴로 스콧 관장을 내려다보았어요. 그 모습을 본 스콧 관장이 "앗" 하고 소리쳤어요.

"생각났어요! 당신은 한스 슬론 경이 아니십니까?"

"아니, 저를 아십니까?"

판사가 놀랍다는 얼굴로 되물었어요.

"알다 뿐입니까? 한스 슬론 경께서는 대영박물관이 탄생하는 데 큰 공헌을 하신 분 아닙니까? 슬론 경은 왕립과학원의 의장이자 영국의 국왕이었던 조지 2세를 돌본 의사셨지요. 무엇보다도 문화와 역사를 아주 잘 알고 있는 수집가셨어요. 슬론 경의 가장 명예로운 업적은 평생 동안 모은 칠만 점의 유물을 나라에 기증하신 일입니다. 그 기증품이 대영박물관을 세우는 데 기초가 되었으니까요."

스콧 관장은 슬론 경을 보자 감격스러워하며 말했어요.

"슬론 경께서는 1753년에 돌아가신 걸로 알고 있는데 여기에는 웬일이십니까?"

스콧 관장의 질문에 슬론 경은 한 번 하품을 하더니 천천히 대답했어요.

"글쎄 말입니다. 이백 년이 넘도록 땅속에서 잠만 자다가, 갑자기 샤브티한테 끌려 나와 정신이 하나도 없습니다. 지금 내 앞에 놓인 종이에 쓰인 대로 읽기는 했는데 대영박물관이 도대체 어디에 있는 박물관인지도 모르겠고……."

슬론 경은 가발 쓴 머리를 긁적거렸어요.

"어디에 있는지 모르다니요? 바로 슬론 경의 수집품들로 문을 열어 지금은 세계에서 가장 으뜸 박물관이 되었습니다."

"아니, 그럼 내가 조지 2세 국왕한테 기증한 수집품들로 박물관을 만들었단 말이오?"

"네. 슬론 경께서 기증한 수집품들을 소장하고 전시할 공간이 필요했거든요. 그래서 영국 의회가 중심이 되어 처음엔 몬테규 하우스에 박물관을 열었지요. 그러다 수집품이 자꾸 늘어나자 전시할 곳이 더 있어야 했어요. 마침내 19세기 초에 세운 타운리 갤러리와, 그 뒤에 연이어 세운 건물들이 지금의 대영박물관이 되었습니다."

"그럼 대영박물관에는 내가 국왕께 기증한 수집품 말고도 다른 전시품도 있단 말이오?"

"네. 슬론 경 말고도 많은 사람들이 수집품을 박물관에 기증했지요. 또 박물관에서 유물을 사기도 했답니다. 기증자 가운데 유명한 사람으로는 '쿡' 선장이 있지요. 그분은 세계를 다니며 모은 수집품을 기증해서 대영박물관을 풍성하게 했어요. 또 찰스 타운리 경이 로마에서 모은 고대 그리스

유물과 로마 유물도 대영박물관이 자랑하는 전시품이랍니다. 물론 국왕인 조지 4세께서도 부왕의 도서관에 있던 팔만 점이 넘는 유물을 박물관에 기증해 주셨습니다."

마지막으로 스콧 경은 유물 가운데 책과 고문서는 새로 생긴 영국 국립 도서관으로 옮겼다고 말했어요.
"제가 누누이 말씀드리지만 파리의 루브르박물관이나 바티칸 시국의 바티칸박물관도 우리 대영박물관의 유물들에는 못 따라옵니다. 거기다 우리 박물관은 인류 문명에 호기심과 애정이 있는 사람이라면 누구나 환영합니다. 그래서 개관한 뒤로 250년이 넘는 오늘날까지 보는 값을 안 받고 있지요.
삼 대 박물관 가운데 이런 박물관은 우리 대영박물관뿐입니다. 이런 점에서도 대영박물관은 세계에서 으뜸 박물관이라고 감히 말씀드릴 수 있습니다."
스콧 관장은 턱을 치켜들며 한껏 으스댔어요. 그 모습이 얼마나 거만스럽던지 청중들은 하나같이 입을 삐죽거렸어요.
"음, 내가 기증한 수집품들이 멋진 박물관이 될 줄은 몰랐군. 기증자로서 정말 기분이 좋구먼."
슬론 경은 흐뭇한 얼굴로 고개를 끄덕이며 눈앞에 펼쳐진 종이를 내려다보았어요.

"그런데 스콧 관장, 당신의 그 자부심과는 다르게 여기 모인 많은 유물들은 이제 그만 자기 나라로 돌아가고 싶다니, 이를 어쩌나?"

판사의 말에 그때까지 조용히 있던 유물들이 웅성거렸어요.

"그게 무슨 말도 안 되는 소리입니까? 부서지거나 없어질 뻔한 유물을 찾아, 지금껏 잘 보관하면서 사람들이 볼 수 있도록 해 준 우리 박물관을 떠나고 싶다니요?"

스콧 관장은 도통 모르겠다는 얼굴로 턱을 갸웃거렸어요. 그러자 판사의 책상 위에 서 있던 샤브티가 나섰어요.

"관장님, 생각해 보세요. 유물들은 일 년 삼백육십오 일 하루도 못 쉬고, 한 자리에서 끝도 없이 들어오는 관람객을 맞이해야 한다고요. 모두들 관람객 한 사람 한 사람의 호기심어린 눈과 손가락질에 지쳤어요. 아니 그보다도 시도 때도 없이 터지는 카메라 플래시 빛 때문에 장님이 다 되었다고요."

샤브티의 말이 끝나자 청중석 여기저기서 "옳소!" 하는 소리가 터져나왔어요.

"흥, 난 또 무슨 얘기라고. 그런 거라면 나도 어쩔 수가 없어. 여기는 역사를 알고 싶어 너희를 보려고 오는 사람들한테 열린 박물관이야. 너희는 살펴볼 가치가 있는 유물들이고. 그러니까 보는 사람 눈을 싫어한다면 유물로서 자격이 없다고나 할까……, 카메라 플래시 빛은 좀 짜증이 나겠지만 말이야."

스콧 관장은 기자 회견 때마다 눈앞에서 펑펑 터지는 카메라 플래시 빛을 떠올리며 말했어요.

샤브티는 얄밉게 말하는 스콧 관장을 노려보았어요.

"그것뿐만이 아니에요. 유물들은 하나같이 고향에 가고 싶어 하는 병에 걸렸어요. 강제로 끌려와 오랜 시간 동안 구경거리로 갇혀 있었으니, 이제 그만 고향으로 보내 줄 때도 되었잖아요."

강제라는 말에 스콧 관장은 펄쩍 뛰었어요. 가뜩이나 여러 나라에서 유물을 되돌려 달라는 통에 골머리를 썩던 차였거든요.

"강제라니? 그게 무슨 당치 않은 소리야. 우리가 무슨 도둑질이라도 해온 것처럼 들리잖아."

스콧 관장은 대영박물관에 전시된 유물은 모두 기증품 아니면 정식으로 절차를 받아 산 물건이라고 항의했어요.

"자! 스콧 관장, 흥분을 좀 가라앉히시게. 강제든 아니든 유물들이 제자리를 떠나 이곳에 와 있는 것은 사실이 아닌가?"

슬론 경은 판사답게 침착한 목소리로 스콧 관장을 타일렀어요.

"나도 이제 와서 생각해 보니 샤브티의 말이 마음에 걸리는구먼. 뭐든 진기하고 가치 있는 물건은 재산을 털어서라도 손에 넣어야 마음이 개운했어. 그 물건들 편에서 생각해 본 적은 한 번도 없었지. 그런데 샤브티의 말을 들으니 내가 유물이라도 그런 마음이 들 것 같단 말이야."

슬론 경은 판사로서 무척 공정했어요.

"어쨌든 유물들이 고향으로 못 가도록 막는 사람으로 자네를 첫 번째로 손꼽고 있다네. 그러니 이제부터 증인들이 차례로 나와 하는 말을 들어 보세. 그러고 나서 결정을 해도 안 늦으니 말일세."

"슬론 경께서 그렇게까지 말씀하시니 한번 들어 보지요, 뭐."

스콧 관장은 헛기침을 하며 눈을 내리깔았어요. 하지만 속으로는 '아무리 떠들어 봐야 소용없어. 한번 대영박물관에 들어온 유물은 절대로 못 나간다.'고 생각하며 마음을 다졌어요.

"자 그럼, 첫 번째 고대 메소포타미아 대표는 증언을 준비해 주십시오."

샤브티의 말이 떨어지자 청중석 한가운데에서 커다란 사자 한 마리가 튀어나왔어요.

# 첫 번째 증인,
# 먼 인류의 조상

[고대 메소포타미아 지방]
날개 달린 사자 형상을 한 반인반수의 거상
수메르 푸아비 왕비의 수금
메소포타미아의 원통 인장

"으악!"

스콧 관장은 너무 놀라 두 팔로 얼굴을 가렸어요. 그럴 수밖에요. 그 사자 모양의 짐승은 다름 아닌 아시리아의 거대 조각상이었거든요. 스콧 관장은 이십 년 넘도록 하루도 빠짐없이 지나치던 석상이 살아서 움직이자 심장이 멎는 듯했어요.

"나를 그만 내 고향으로 보내 줘. 내가 없으면 궁궐이 위험하다고!"

그 석상은 사자 몸통에 사람 얼굴을 하고 있었어요. 어깨에는 날개가 있었고, 다리가 다섯이었어요. 다리는 앞에서 보면 둘이지만 옆에서 보면 다섯이지요.

**날개 달린 사자 형상을 한 반인반수의 거상**

아시리아, BC 865년쯤.
아슈르바니팔 2세의 님루드 북서쪽 궁전에 있고, 악령으로부터 궁전을 지키려고 세운 수호상이다. 사자의 형상을 하고 날개가 달려 있으며, 사람의 머리를 한 커다란 석상이다.

"나는 악령으로부터 궁전을 지키려고 세운 수호상이란 말이야. 그런 나를 떼어다가 엉뚱한 곳에 세워 놓으면 어떡해?"

석상은 마음속에 쌓아 두었던 분풀이를 하려는 듯 으르렁거렸어요. 얼굴은 분명 사람이지만 목소리는 사자같이 우렁찼어요.

"와, 정말 놀랍다. 사자의 힘과 새의 하늘을 나는 능력, 사람의 지혜를 더해 놓은 수호상의 목소리가 저렇게 우렁차다니, 정말 기대 이상인걸."

스콧 관장은 수호상의 화난 목소리에 감격하는 눈치였어요. 그러면서 처음 구경하는 사람처럼 수호상을 이리저리 자세히 살펴보았어요.

"그런데 수호상, 한 가지 물어보고 싶은 게 있어. 몇몇 고고학자들이 자네의 다리가 다섯이나 되는 것은 고대 아시리아의 조각가들이 네 다리로 서 있는 석상을 조각하기 어려워서라던데, 정말 그런가?"

그 말에 수호상은 발끈하며 화를 냈어요.

"뭐라고? 이봐 스콧 관장, 우리 위대한 아시리아 제국의 예술가를 뭘로 보고 하는 소리인가? 내 다리가 다섯인 것은 말이야. 어느 방향으로 보든지 내 모습이 완벽하게 보이게 하려는 뜻이야. 자, 나를 정면으로 보면 똑바로 서 있는 것처럼 보이지? 하지만 옆에서 보면 내가 걸어가고 있는 것처럼 보인단 말일세. 만약 세 번째 앞다리가 없다면 옆에서 봤을 때, 내 걷는 모습이 얼마나 엉성해 보이는지 알기나 하나?"

수호상은 허리를 쭉 펴고 보란 듯이 섰어요. 스콧 관장은 수호상이 말한 대로 이리저리 자리를 바꿔 가며 살펴보았지요. 과연 수호상의 말대로 어느 방향에서 보나 정말 완벽한 모습이었어요.

"음. 그렇군. 그럼 자네 머리 위에 있는 삼층뿔은 신성을 상징하는 것 맞나?"

"그렇지. 내 다리 아래쪽에 새겨진 이름이 보이지? 바로 왕들의 이름이지. 이것은 내가 왕의 권위와 위엄을 수호하는 동물상이라는 뜻이라네."

　스콧 관장은 궁금했던 수수께끼를 푼 것처럼 턱을 주억거렸어요.
　"어쨌든 난 하루라도 빨리 내 고향에 돌아가고 싶네. 그래서 눈부신 태양 아래에서 장엄한 궁궐을 지키는 수호신이 되고 싶다고."
　수호상이 제자리로 돌아가자 이번에는 아름다운 수금 소리가 들려왔어요. 재판정에 모인 청중들은 모두 수금 소리가 나는 쪽을 보았어요. 그러자 청중석 한쪽에서 아름다운 여자가 수금을 들고 나타났어요. 여자와 수금은 황금과 갖가지 보석으로 가득해 눈이 부실 만큼 아름다웠어요.

**수메르 푸아비 왕비의 수금**

수메르의 푸아비 왕비와 함께 무덤 속에 넣어 왕비의 저승길을 안내해 주는 악기이다. 쇠머리 모양을 한 황금 장식이 수금의 맨 앞쪽에 붙어 있고, 황소의 수염과 눈, 망토는 수금을 더욱 더 섬세하고 멋지게 장식해 준다.

"저는 수메르 푸아비 왕비님의 시녀입니다. 제가 맡은 일은 왕비님이 죽어 저승길을 가실 때 곁에서 음악을 연주하는 것이지요. 제가 들고 있는 이 수금이 바로 이곳 박물관에 전시되어 있습니다."

시녀는 다시 한 번 손가락을 튕겨 신비로운 음악을 연주했어요. 그 소리가 얼마나 아름다운지 가죽 의자에 박혀 있던 스콧 관장도 넋을 잃을 정도였지요.

수금은 그 소리만큼이나 겉모습도 아름다웠어요. 쇠머리 모양을 한 황금 장식은 수금의 맨 앞쪽에 붙어 있었어요. 황소의 수염과 눈, 그리고 청강석으로 된 망토는 이 수금이 얼마나 값진 것인지 알려 주는 듯했지요.

"저런 멀쩡한 악기를 무덤 속에 넣어 묻다니 정말 아까운걸."

스콧 관장이 혼잣말처럼 중얼거렸어요.

"무슨 말씀이세요? 푸아비 왕비님의 저승길을 안내할 악기라면 이쯤은 되어야지요. 살아 있을 때 아무리 값비싼 호강을 하면 뭘 해요. 죽어서 가게 되는 저승이 더 중요한 것이라고요. 그런 뜻에서 무덤 속에 넣는 부장품이야말로 그 어떤 물건보다 값지고 훌륭한 것이어야 하는 거고요."

시녀의 똑 부러지는 대꾸에 스콧 관장은 머쓱해졌어요.

"그러니까 하루라도 빨리 우리를 고향으로 보내 주세요. 왕비님의 저승길이 늦어지고 있다고요."

시녀는 스콧 관장이 대꾸할 틈도 안 주고 자리로 돌아갔어요.

샤브티가 서둘러 다음 증인을 불렀어요. 그런데 한참이 지나도 증인석에는 아무도 안 보였어요.

기다리다 못한 샤브티가 청중석을 둘러보며 목소리를 높였어요.

"고대 근동 지방의 마지막 증인은 어서 나와 주세요."

그러자 증인석 쪽에서 자그마한 소리가 들렸어요.

"저 아까부터 나와 있는데요."

샤브티는 당황한 듯 증인들의 이름을 살펴보더니 재빨리 사과를 했어요.

"앗! 죄송합니다. 몸집이 작아서 미처 못 보았습니다. 그럼 자기소개부터 해 주시지요."

스콧 관장은 샤브티가 가리키는 쪽을 바라보았어요. 증인석 책상 위에 손가락만 한 진흙 막대기가 올라가 있었어요.

"저는 기원전 2600년에 만들어진 원통형 도장입니다. 그러니까 지금으로부터 4600년쯤 전이군요. 휴, 세월도 참 빠르지. 제가 주인님 손에서 굴러다니며 부지런히 일할 때가 엊그제 같은 데 벌써 사천 년이나 흘렀다니."

작은 도장은 조그맣게 한숨을 내쉬었어요. 그 모습이 얼마나 앙증맞고 귀여운지 스콧 관장은 풋 하고 웃었어요.

"웃지 마세요. 전 비록 작지만 제 몸에는 메소포타미아 문자의 역사가 새겨져 있답니다."

도장은 헛기침을 하며 말을 이었어요.

"다 아시다시피 고대 근동, 그러니까 메소포타미아 지역에서 처음으로 문자가 만들어졌어요. 곡식을 거둬들일 때나 장사를 할 때 쓰려고요. 초기 수메르 사람들은 그림 형태의 상형 문자를 썼지만 시간이 흐를수록 쐐기 모양의 설형 문자로 단순해졌어요. 설형 문자는 상형 문자보다 빨리 쓸 수도 있고, 사람의 생각이나 감정도 표현할 수 있었지요. 메소포타미아의 수메르 사람들은 진흙으로 평평하게 판을 만들어 기록판으로 썼어요. 그리고 갈대를 쪼개 만든 펜으로 축축한 진흙판을 꾹꾹 눌러 글자를 썼어요. 그 진흙판을 잘 말리면 쓴 내용을 오랫동안 보관할 수 있지요. 또 상자 속에 넣어 소식을 전할 수도 있고요."

### 메소포타미아의 원통 인장

BC 2333~2193년쯤.
원통형 돌도장이고 그 도장을 찍은 모양이다. 젖은 점토판이나 그릇, 출입구의 봉인 위에 보증의 표시로 도장을 굴려서 찍는다.

작은 도장은 야무지게 설명을 이어 나갔어요.

"소식을 전하는 편지통은 누가 함부로 꺼내 보면 안 되니까, 상자 뚜껑에 진흙을 발라 저를 굴려 찍어 놓았어요. 그렇게 해야 상자를 받는 사람이 제가 찍힌 모양이 안 상한 것을 보고, 편지가 무사히 도착했다는 것을 알 수 있거든요."

도장은 제자리에서 한 바퀴 돌아 자신의 몸을 보여 주었어요. 몸통에는 그림이 빙 둘러 새겨져 있었어요.

"제 몸에 새겨진 문양을 보면 도장의 주인이 어떤 사람인지 알 수가 있지요. 그래서 저는 메소포타미아의 고대 문명을 증거하는 중요한 유물이에요."

이제 원통 도장을 작다고 얕보는 청중은 아무도 없었어요. 판사인 슬론 경마저 존경한다는 눈빛으로 내려다보았어요.

"그런데 원통 도장, 자네는 왜 고국으로 돌아가고 싶은 거지?"

슬론 경이 호기심어린 목소리로 묻자 원통 도장이 재빨리 대답했어요.

"생각해 보세요. 제가 없으면 편지를 주고받는 것도, 물건을 거래하는 것도 어렵잖아요. 그러니까 얼른 돌아가서 할 일을 해야지요."

슬론 경이 스콧 관장을 보며 말했어요.

"잘 들었나, 스콧 관장? 빨리 돌아가야겠다는군."

스콧 관장은 어깨를 으쓱거리며 대답했어요.

"뭐, 제가 관장이 된 뒤로 언제나 듣는 이야기지요. 하지만 절대로 안 될 말이에요. 게다가 도장한테 직접 설명을 들으니 더욱 값진 유물이라는 생각이 드는데요."

스콧 관장의 느긋한 대답에 청중석 여기저기에서 야유하는 소리가 쏟아졌어요.

"고집불통 스콧 관장은 물러나라!"

"스콧 관장은 우리가 고향으로 돌아갈 수 있도록 하라!"

하지만 스콧 관장은 두 눈을 지그시 감으며 입맛만 다셨어요.

이 모습을 보고 있던 슬론 경과 샤브티는 서로 마주 보며 고개를 저었어요.

"그럼 이제 두 번째 증인인 이집트관 유물들의 증언을 시작하겠습니다."

샤브티는 커다란 소리로 두 번째 증인을 불렀어요.

스콧 관장은 이집트라는 소리에 갑자기 가슴이 뜨끔했지만 아무렇지도 않은 척 헛기침만 해 댔어요.

## 두 번째 증인, 위대한 고대 왕국

[고대 이집트]
람세스 2세
연회 장면 묘지 장식
로제타석

"휴, 살아 있을 때는 나를 위한 기념비와 신전을 그토록 많이 세 웠건만, 이제는 남의 나라 박물관 한구석에서 신세를 질 줄이야."

스콧 관장은 신세를 한탄하는 목소리가 나는 쪽으로 고개를 돌렸어요. 거기에는 잘생긴 이집트 왕이 서 있었지요. 자세히 보니 람세스 2세의 조각상이었어요.

람세스는 고대 이집트 19왕조 첫 번째 왕 이름이에요. 이 왕의 뒤를 잇는 왕들도 모두 람세스라 이름해서 이 시기를 람세스 시대라고도 하지요.

"아무도 없고 아무도 찾아오지 않는 외딴 사막 한가운데 외롭게 서 있는 것보다야 훨씬 낫지 않습니까?"

람세스 2세를 알아본 스콧 관장이 변명하듯 말했어요.

"뭐라고? 아무도 안 찾는 외딴 사막이라고? 이런 무례한 사람을 보았나? 위대한 이집트 왕이 묻혀 있는 신성한 사원을 그런 식으로 말하다니, 파라오의 저주가 무섭지도 않느냐?"

람세스 2세의 석상은 펄펄 뛰며 화를 냈어요. 파라오의 저주라는 소리에 청중석은 삽시간에 쥐죽은 듯 조용해졌어요. 그때까지 배짱 좋게 앉아 있던 스콧 관장도 찔끔 겁을 먹었지요.

"위대한 람세스 2세 폐하, 화를 가라앉히십시오. 폐하께서 화를 내시는 것은 당연합니다. 하지만 재판정의 분위기도 좀 생각해 주셔야지요."

슬론 경은 공정한 판사답게 람세스 2세를 달랬어요.

"파라오의 저주라고요? 그건 모두 헛소문이에요. 이집트 고분을 발굴한 사람들한테 자꾸 알 수 없는 사고가 났지만, 그게 파라오의 저주 때문이라는 증거는 어디에도 없으니까요."

스콧 관장은 아무렇지도 않은 척하려 무척 애를 썼어요.

"파라오의 저주라는 증거도 없었지만 파라오의 저주가 아니라는 증거도 없었지."

슬론 경은 혼잣말로 대꾸했어요. 그 말에 스콧 관장의 얼굴이 핼쑥해졌어요.

"어쨌든 증인, 하시던 말씀 계속해 주십시오."

슬론 경이 부드럽게 말하자 람세스 2세는 점잖게 말을 이었어요.

"이집트 왕들의 묘지는 단지 죽은 사람을 눕혀 놓은 무덤이 아니다. 그곳은 원래 신이었던 왕이 이 세상에 내려와 백성들을 다스리다가, 다시 신의 세계로 돌아가려고 만든 곳이야. 우리 고대 이집트 사람들은 언제나 안 변하는 것과 완벽한 아름다움을 위대한 가치로 떠받들었어. 또 무엇보다도

**람세스 2세**
BC 1270년쯤.
이집트 왕이었던 람세스 2세의 석상. 테베에 있는 람세스 2세의 신전에서 나왔다.

영혼을 소중히 여겼지. 내가 왕국 곳곳에 내 모습의 조각상을 세운 것도 다 같은 까닭이다. 단단하고 영원히 안 변하는 화강암에 왕의 모습을 새겨 그 안에서 영원히 살 수 있는 힘을 갖도록 한 것이야."

"그래서 조각가를 가리키는 이집트 말 가운데에는 '계속 살아 있도록 하는 사람'이라는 뜻도 있지요. 모든 예술가들이 규칙을 따르는 것은 당연한 일이에요. 왜냐하면 예술가들은 신과 같은 왕의 무덤을 치장하고 왕의 모습을 조각하는 사람들이니까요."
샤브티가 조심스럽게 덧붙였어요.
"우리 이집트 사람들한테 아름다움이란 완전함을 뜻하기도 해. 그래서 널리 알려졌듯이 사람을 그릴 때 어깨는 정면으로, 얼굴과 팔다리는 옆으로, 눈동자는 정면으로 그리지. 이렇게 그리는 것이 완벽한 사람 모습이라고 생각했기 때문이야."
"그건 나도 잘 알고 있어요. 그런데 완벽하게 그리는 것이 오히려 이집트 미술을 너무 딱딱하게 만들지는 않나요? 나도 이집트 미술이 뛰어난 것은 잘 알지만 아무리 봐도 그런 식으로 사람을 그리는 것은 어색하잖아요."

스콧 관장은 그동안 내내 숨겨왔던 진심을 꺼냈어요.

"너는 명색이 대영박물관 관장인데 어떻게 그런 말을 하느냐. 이 그림을 잘 보아라. 대영박물관에 있는 벽화 가운데 하나다."

람세스 2세는 커다란 팔을 펼쳐 반대편 벽을 가리켰어요. 그러자 아무것도 없던 벽에 선명한 그림 하나가 떠올랐어요.

벽화 속에는 사람들이 흥겹게 술을 마시며 노는 모습이 고스란히 담겨 있었어요. 하양, 노랑의 우아한 옷을 입고 향수를 뿌린 가발을 쓴 사람들이 멋스러운 의자에 앉아 있었어요. 바로 밑에는 이 손님들을 환영하는 연주가와 무용수들이 공연을 펼치고 있었고요.

사람들은 하나같이 향수를 넣은 머리 장신구를 쓰고 있었어요. 이렇게 화려하고 활기찬 그림이 무덤 속을 장식하는 벽화라니, 정말 믿을 수가 없었지요.

"이것은 이집트 18왕조, 그러니까 나의 통치 시대 바로 전 시대의 묘지 장식 그림이다."

스콧 관장은 그림을 보자 이미 알고 있다는 듯한 얼굴로 고개를 끄덕였어요.

"이 연회 장면은 이집트 전시실에서도 인기가 많은 전시품이지요. 그런데 뭘 보라는 건가요?"

"음악을 연주하는 사람들을 보아라. 네가 방금 말한 딱딱한 모습이 언제나 강요된 것은 아니라는 것을 보여줄 것이다."

**연회 장면 묘지 장식**

BC 1390년쯤.
악기를 연주하고 춤을 추는 모습이 그려져 있는 벽화다.
테베의 관료였던 네바문의 무덤에서 나왔다.

람세스 2세가 가리킨 곳을 바라보던 스콧 관장은 아차 하고 머리를 쳤어요. 거기에는 분명 관람객을 정면으로 바라보는 음악가가 그려져 있었거든요. 두 사람은 쌍피리를 불며 손뼉을 치고 있었어요.

"전시장에서 들어보니 어떤 관람객들은 마치 우리가 인물을 정면으로 그리는 것을 엄격히 금한 것처럼 말하기도 하더라만, 그것은 하나만 알고 둘은 모르는 꼴이지. 고대 이집트 예술가들은 그 누구보다도 훌륭하고 아름다운 감각이 있는 사람들이었다. 어느 시대 어느 화가 못지않게, 꼭 필요하다면 자연스러운 장면을 얼마든지 그려 넣을 수 있단 말이다."

람세스 2세는 잠시 숨을 돌리더니 샤브티한테 명령을 내렸어요.

"이제 마지막으로 로제타석을 내오너라."

샤브티는 람세스 2세의 명령이 떨어지자마자 주문을 외웠어요. 샤브티가 주문을 외우는 소리는 정말 신비하고도 흥미로웠어요. 그 소리는 꼭 몇천 년 전 고대 이집트 사람들의 말소리 같았거든요.

곧이어 증인석 한가운데로 커다란 바위가 쿵 하고 떨어졌어요.

"아니, 이 귀한 물건을 함부로 다루다니!"

깜짝 놀란 스콧 관장은 벌떡 일어서려다 그만 의자 등받이에 뒤통수를 부딪혔어요.

로제타석은 흑회색의 현무암 표면에 깨알 같은 글씨가 빼곡히 새겨져 있는 비석이에요. 맨 위에 새겨진 글은 고대 이집트의 상형 문자로 19세기 프랑스의 천재 언어학자 샹폴리옹이 해독하기 전까지는 베일에 싸여 있었어요.

이 상형 문자는 그때 이집트의 성직자들이 쓰던 문자예요. 그 아래에는 일반 백성들이 썼던 상용 문자, 맨 아래에는 관리들이 썼던 그리스 문자가 새겨져 있었어요. 글은 이집트를 이끌었던 프톨로메오 5세를 칭송하는 내용이고요.

"우리 위대한 이집트의 유물을 너희 제국주의 사람들 마음대로 빼앗아 간 역사는 이 로제타석이 가장 선명하게 증언하고 있다."

람세스 2세는 비석을 가리키며 근엄하게 말했어요.

**로제타석**

기원전 196년쯤.
대영박물관의 최대 보물 가운데 하나인 로제타석은, 고대 이집트의 상형 문자를 해독하는 열쇠가 되었다.

"빼앗다니요? 정확히 말하자면 로제타석은 당당한 전리품이에요. 이 비석은 1799년 나폴레옹이 이끈 이집트 원정군이 나일강 하구 로제타 마을에서 발견한 것이지요. 하지만 나폴레옹 군은 우리 영국군과의 영토 싸움에서 분명히 졌습니다. 그러니 그 마을에서 발견한 이 비석은 싸움에서 이긴 우리 영국군이 갖는 게 당연하지요. 이 점에 있어서는 프랑스도 아무 말 못한다니까요."

스콧 관장이 어깨를 으쓱거리는데 천둥 같은 소리가 울렸어요.

"무엇이 어째? 프랑스와 영토 싸움에서 이겼으니 그곳에서 난 전리품은 모두 너희 것이라고? 잘 들어라. 이 비석은, 아니 여기 이집트 전시실에 있는 모든 유물은 위대한 이집트 왕국의 재산이다. 영국도 프랑스도 아닌 이집트의 소중한 예술품이란 말이다."

람세스 2세는 단단히 화가 났어요. 그의 오른쪽 가슴에는 동그란 구멍이 나 있었어요. 그것은 유럽 사람들이 테베에 있는 그의 신전에서 조각상을 떼어내 조각상을 옮길 때 뚫은 구멍이었어요.

"위대한 왕이시여. 부디 진정하시기 바랍니다."

하는 수 없이 슬론 경이 나섰어요. 스콧 관장은 기가 죽어 의자에 몸을 묻고 꼼짝 않고 있었지요.

"관장은 한시도 늦추지 말고 유물을 고향으로 보내라."

람세스 2세는 이 말을 남기고는 자리로 돌아갔어요.

## 이집트관의 다른 유물들

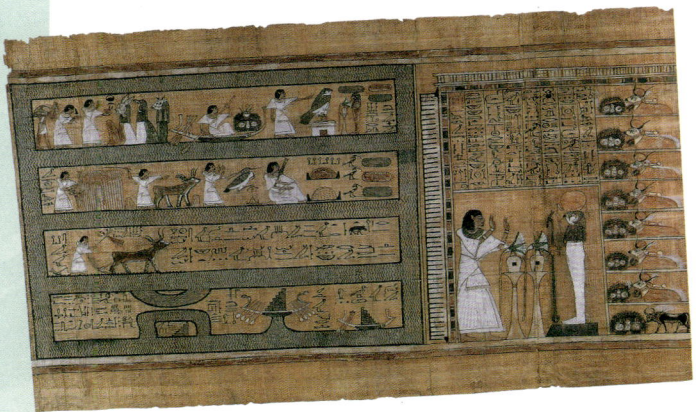

**죽은 사람이 보는 책**
BC 1250년쯤.
그림과 글씨가 화려한 이 책은 죽은 사람이 봐야 할 내용을 담고 있다. 죽은 뒤 만나는 세계에서 어디로 가야 하는지를 안내해 주는 책이다.

**샤브티**
BC 1280년쯤.
주인에 충성을 다하는 모습을 하고 있는 샤브티 인형. 왕릉에서 나왔다. 몸에 적힌 주문은 주인 대신 무슨 일이든 하겠다는 글이다.

**여사제의 관**
BC 1250년쯤.
람세스 2세가 이집트를 다스릴 때 으뜸 여사제였던 헤누트메이트다. 그가 죽은 뒤에 금으로 관을 만들었다.

# 세 번째 증인,
# 서양 문명의 요람

**[그리스]**
파르테논 신전의 조각품
아킬레우스의 결투 항아리

"참 내, 겨우 비석 하나 가지고 왔는데 저렇게 노발대발하다니. 역시 이집트 왕들은 사납다니까."

재판정 안에 난데없이 웬 여자 목소리가 울려 퍼졌어요. 소리나는 쪽을 본 청중들은 다같이 탄성을 터트렸어요. 거기에는 눈부신 빛을 뿜어내는 여자가 서 있었어요. 그 여자는 무척 아름다워 누구도 함부로 가까이 갈 수 없을 것 같았어요. 꼭 하늘에 사는 신처럼 빛이 났어요.

"아테나 여신이다!"

스콧 관장은 경탄에 가득찬 목소리로 말했어요. 맞아요. 여신은 바로 지혜의 신인 아테나였어요. 여신은 메두사 머리가 새겨진 방패와 창을 들고 황금빛 투구를 머리에 쓰고 있었어요.

"나 아테나 여신이 그리스를 대표하는 증인으로 서겠소."

여신은 얼마나 당당하던지 웬만한 일에는 안 놀라는 슬론 경까지 자리에서 일어나 인사를 했지요.

"그럼 여신님, 어서 증언을 시작하시지요."

증언대에 오른 아테나 여신은 둘레를 살펴보더니 고개를 가로저었어요.

"여기보다는 아테네에 있는 아크로폴리스 언덕에서 증언하는 것이 더 잘 어울리겠군."

여신은 오른팔을 높이 쳐들어 하늘을 가리켰어요. 그러자 갑자기 세찬 회오리 바람이 불어왔어요. 재판정에 있던 모든 유물과 사람들이 얼굴을 감쌌어요. 회오리 바람은 삽시간에 그들을 데리고 하늘로 솟았어요. 다들 세찬 바람에 휘둘리느라 어찌할 줄을 몰랐어요. 그렇게 모두들 잠시 바람 속에서 헤맸어요.

"자, 다 왔으니 이제 그만 눈을 뜨시오."

자애로운 여신의 목소리가 들렸어요.

모두들 정신을 차려 보니 재판정은 그리스의 한 도시 아테네 한복판으로 옮겨져 있었어요.

"여긴 아크로폴리스 아니야? 그럼 저기 저 건물이 파르테논 신전인가?"

가죽 의자에서 꼼짝 못하는 스콧 관장도 흥분해서 떠들어 댔어요.

"제대로 아는군. 대영박물관에 있는 페이디아스의 조각들이 있어야 할 곳이다."

아테나 여신은 근엄한 목소리로 이야기를 이었어요.

"아테네는 나를 수호신으로 모시는 도시 국가였다. 물론 아테네는 고대 그리스의 도시 국가 가운데 가장 힘이 셌지. 지혜의 여신인 나를 수호신으로 모시는 도시답게, 예술과 문학 같은 문명도 발달했지. 이 파르테논 신전도 나를 모시려고 만든 으뜸 예술품이야."

여신은 지난날의 영광이 되살아나는 듯 흐뭇하게 웃었어요.

"파르테논 신전의 조각들은 그리스 전역에서 명성을 드날리던 페이디아스가 심혈을 기울여 만든 기념물들이다. 그런 것을 그 약삭빠른 엘긴인가 하는 외교관이 야금야금 떼어다가 영국으로 옮겨 놓은 게야."

스콧 관장은 기둥과 뼈대만 남은 파르테논 신전을 올려다보았어요. 빛을 받아 상앗빛으로 빛나는 대리석 건물은 그 자체만으로도 눈부실만큼 아름다웠어요. 하지만 조각 작품들이 없는 건물의 머리는 무척 허전해 보였어요.

"쩝, 막상 와서 보니 짜증날 만도 하겠구먼……."

### 파르테논 신전의 조각품

파르테논 신전은 그리스 아테네의 수호신 아테나 신전이다. 이 신전은 이크티노스와 칼리크라테스가 건축을, 페이디아스가 조각을 했다. 바깥쪽 벽면에 있는 말을 탄 기수들과 수도사들의 긴 행렬은 4년에 한 번 여신의 생일에 열었던 판 아테네 대잔치 장면이다.

스콧 관장은 누가 들을까 몰래 입속말로 중얼거렸어요.

"그럼 관장, 엘긴 대리석을 그리스 정부로 되돌려 줄 마음이 생긴 건가?"

슬론 경이 스콧 관장을 내려다보며 물었어요.

"무슨 말씀입니까, 되돌려 주다니요? 엘긴 대리석은 누가 뭐래도

세 번째 증인, 서양 문명의 요람 51

대영박물관의 으뜸 전시품입니다. 사실 엘긴 경이 파르테논 장식 조각들을 옮기려고 마음먹은 것도 다 그럴 만한 까닭이 있었지요. 마구잡이로 떼어 온 게 아니란 말씀이지요."

스콧 관장은 엘긴 경의 이야기를 시작했어요.

"엘긴 경이 영국 대사로 이스탄불에서 일할 때에 서구 문명의 요람인 고대 그리스 유적들이 버려져 있는 것을 보고 매우 가슴 아파했습니다. 터키는 다 아시다시피 이슬람 국가잖아요. 그러니 고대 그리스의 유적들은 그들한테 그저 아무런 가치가 없는 이교도의 찌꺼기일 뿐이었습니다. 엘긴 경은 자신의 재산을 털어 파르테논 신전의 조각들을 안전한 곳으로 옮기고, 오랜 여정 끝에 런던으로 가져왔지요. 그러니까 파르테논 신전의 고귀한 조각품들은 엘긴 경의 노력 덕분에 더는 안 망가졌던 겁니다."

아테나 여신은 스콧 관장의 말을 주의깊게 들었어요. 그러고는 천천히 입을 열었어요.

"그때 엘긴 경이 그리스 유적을 아꼈다는 건 나도 인정하는 바이다. 하지만 지금은 파르테논 신전도 제 모습을 찾고 있어. 게다가 그리스 정부에서 엘긴 대리석을 소장할 새로운 '아크로폴리스 박물관'을 짓고 있지 않느냐. 그러니 이제는 원래 고향으로 되돌려 줄 때도 되었다고 보는데?"

스콧 관장은 가슴 한구석이 뜨끔했어요. 아테나 여신 말대로 요즘 유물 반환 요구를 가장 거세게 하는 곳이 바로 그리스 정부였거든요.

스콧 관장은 헛기침을 해 대며 대답을 피했어요.

"험험, 어쨌든 여러 가지 방안을 생각하고 있습니다."

그 소리에 갑자기 아테나 여신의 치맛자락에서 까만 항아리 하나가 튀어나왔어요.

"정말이요? 그럼 저도 같이 고향으로 보내 주세요."

까만 항아리는 정말 아름다웠어요. 날렵한 몸매에 정교하고 세련된 무늬가 항아리 목과 아랫쪽을 장식하고 있었어요. 무엇보다도 한가운데에 그려진 그림은 정말 숨이 막힐 만큼 긴박했지요.

"저는 엑세키아 님이 만드신 암포라입니다. 암포라란 저처럼 몸통이 볼록하고 목이 긴 항아리를 말해요. 제 몸통 한가운데에 그려진 그림은 트로이 전쟁 가운데 그리스 장군 아킬레우스와 아마존 여왕인 펜테실레이아가 싸우는 모습을 그린 것입니다."

아테나 여신은 트로이 전쟁이란 말이 나오자 갑자기 들떴어요.

"트로이 전쟁이라면 내가 잘 알지. 가장 아름다운 여신을 가려내려고 벌어진 다툼 때문에 일어난 전쟁 아니냐?"

아테나 여신은 아프로디테한테 밀려 가장 아름다운 여신이 못 된 것이 아직도 억울한 모양이었어요.

"네. 전쟁을 하면서 트로이 편을 들어 그리스한테 맞서 싸운 아마존의 펜테실레이아 여왕이, 그리스의 영웅 아킬레우스한테 찔리는 모습을 생생하게 묘사한 것이 바로 제 배에 있는 그림입니다."

암포라는 통통한 배를 내밀며 자랑스럽게 말했어요.

"그래. 나도 기억난다. 그때 아킬레우스는 자기와 싸우는 적이 여자일 거라고는 꿈에도 생각 못했지. 마지막 순간, 자신의 창이 적의 가슴을 꿰뚫을 때야 비로소 적이 아름다운 처녀였다는 걸 알아차렸어. 아킬레우스는 그 순간 펜테실레이아한테 사랑을 느꼈어. 물론 그 느낌은 아무도 눈치채지 못했지. 다만 나 같은 신만이 아킬레우스의 감추어진 마음을 읽어낼 수 있었어."

아테나 여신은 추억을 끄집어내듯 이야기를 이었어요.

"펜테실레이아가 숨을 거두자 아킬레우스는 더는 트로이 군대와 안 싸웠어. 아름다운 여자를 죽인 것이 너무나 후회스러웠던 거지. 아킬레우스는 펜테실레이아의 시신을 관에 넣어 트로이 진영으로 곱게 보내 주었단다. 하늘에서 그 모습을 내려다본 우리 신들도 무척 안타까워했어. 그것이 바로 전쟁의 비극이야."

아테나 여신은 긴 이야기를 마치고 한숨을 내쉬었어요. 듣고 있던 청중들도 안타까운 한숨을 내쉬었지요.

"그래서 저는 신화의 숨결이 살아 있는 제 고향으로 돌아가고 싶습니다. 제 몸에 새겨진 이야기의 바탕이 되었던 그곳으로 말이지요."

아테나 여신과 암포라는 스콧 관장한테 고향으로 꼭 보내 달라는 듯한 눈길을 보내고는 증언대에서 물러났어요. 아테나 여신이 증언대에서 내려오자, 재판정은 다시 대영박물관으로 돌아와 있었어요.

**아킬레우스의 결투 항아리**

BC 540~530년쯤. 엑세키아가 만든 항아리다. 이 항아리에는 영웅 아킬레우스와 아마존의 여왕 펜테실레이아가 싸우는 장면이 그려져 있다. 아킬레우스는 펜테실레이아를 죽일 때 여자인 것을 처음 알았고, 그 순간 사랑을 느꼈다고 한다.

네 번째 증인,
# 옛 유럽의 지배자들

[고대 유럽]
바스유츠의 물병
배터시의 방패

다시 대영박물관으로 돌아온 스콧 관장은 어리둥절해 정신을 차릴 수가 없었어요. 눈 깜짝할 사이에 영국 런던에서 그리스 아테네로 갔다가 다시 돌아온 거며, 책 속에서나 봐 왔던 여신이 나타났다 없어지질 않나, 정말 눈앞이 빙글빙글 도는 것 같았지요.

스콧 관장은 조금 쉬고 싶어 손을 번쩍 들었어요.

"존경하는 판사님, 잠깐 쉴 것을 요청합니다."

"어떠냐, 샤브티? 잠깐 쉬었다 할까?"

슬론 경은 파피루스 종이 위에 재판 내용을 쓰고 있는 샤브티한테 물었어요. 그러자 샤브티는 손을 내저었어요.

"유감스럽게도 이 재판은 쉴 수 없습니다. 보시다시피 차례를 기다리는 증인들이 줄을 서 있거든요. 스콧 관장님은 편안히 앉아 들기만 하면 되니까 별로 안 힘들잖아요. 그러니까 재판을 계속 진행하겠습니다."

"편안히 앉아 있다니 무슨 말도 안 되는 소리야! 나는 지금 의자에 달라붙어 꼼짝을 할 수가 없다고. 도대체 언제 이 의자에서 일어설 수 있느냐 말이야."

스콧 관장은 발끈해서 고함을 질렀어요.

"그 점은 걱정 마십시오. 판사님의 판결이 나오면 곧바로 움직일 수 있을 겁니다. 그러니 조금만 참고 재판을 계속해 주십시오."

샤브티는 얼굴빛 하나 안 바꾸고 말했어요. 스콧 관장은 샤브티를 원망스러운 눈으로 흘겨보았어요.

"그럼 다음 증인 나오십시오."

청중석 한가운데에서 쿵쿵거리는 소리가 났어요. 그러더니 건장한 몸집의 전사가 나왔어요. 전사는 콧수염을 멋들어지게 길렀어요. 어깨에는 줄무늬 망토를 걸치고 방패와 투구를 두 손에 들고 있었어요. 지금 막 싸움을 하다가 온 사람 같았지요.

"나는 고대 북유럽의 정복자 켈트 족의 전사다. 저 아래 남부 유럽 놈들은 우리 켈트 족을 야만족이라고 업신여기는 것 같은데, 이 기회에 켈트 족의 뛰어난 예술 문화를 보여주겠다."

전사는 옆구리에 차고 있던 물병을 증인석 책상에 내려놓았어요. 청동으로 된 물병은 날렵하게 생겼어요. 늑대 같기도 하고 개 같기도 한 손잡이는, 작은 쇠사슬로 뚜껑과 이어져 있었어요. 병의 입 쪽과 맨 아래쪽에 붙은 산호 장식은 간결하면서도 세련되었어요.

**바스유츠의 물병**

BC 400년쯤.
초기 켈트 족의 예술품으로 예술성이 뛰어난 작품 가운데 하나다. 산호와 붉은 에나멜로 술병을 장식했다.

"이 병은 우리 켈트 족 마을에서 중요한 연회나 잔치가 있을 때 술과 맥주, 꿀물 같은 것을 담던 것이다. 켈트 족 하면 거대한 요새만 떠올리는 사람이 많겠지만, 우리도 이렇게 섬세하고 세련된 예술품을 만들었어."

전사는 주먹으로 증인석 책상을 쾅 내리치며 소리쳤어요. 그 바람에 책상 위에 있던 물병이 넘어질 뻔했지요. 그러자 청중석에서 쥐어 짜내는 듯한 박수가 나왔어요. 안 그랬다가는 전사가 당장이라도 어깨에 메고 있는 커다란 칼을 들고 덤빌 것 같았거든요.

전사는 박수 소리에 만족한 듯 씨익 웃었어요. 웃는 모습이 정말 싸움밖에는 할 줄 모르는 사람 같았어요. 전사는 자신이 물병에 포도주를 담아 마셨던 이야기를 자랑삼아 말했어요. 모두 전쟁과 전투에서 싸운 이야기였지요.

"내가 마지막으로 이 병에 술을 담아 마셨을 때는 말이지……."

전사는 아무리 봐도 물병을 자기 나라로 되돌려 달라고 얘기하러 나온 것 같지 않았어요. 그저 얼마나 많은 전투를 치렀고, 얼마나 많은 승리를 했는지만 이야기했거든요.

"그럼 말 나온 김에 하나만 더 보여 주지. 자, 내가 들고 있는 방패를 한번 보란 말이야."

전사는 왼손에 들고 있던 방패를 번쩍 치켜들었어요. 타원형으로 생긴 방패는 금박을 입혀 번쩍번쩍 빛이 났어요. 방패에는 정교한 문양이 새겨진 동그란 모양 세 개가 나란히 서 있었어요. 그 안에 새겨진 붉고 푸른 무늬가 반짝반짝 윤이 났어요.

"너희는 잘 모르겠지만 이 훌륭한 방패는 전쟁터에서 쓰던 것이 아니야. 이것은 강의 신한테 바친 공물이야. 우리 켈트 족은 그리스 신화 못지않게 멋진 신화가 있는 민족이야. 너희는 그저 그리스·로마 신화가 세상에서 으뜸인 줄로만 알고 있지? 하지만 우리 켈트 족의 신화도 그에 못지않게 재미있고 깊이 있는 이야기가 담겨 있다고. 그러니까 앞으로는 우리를 함부로 야만족이라고 부르지 마!"

방패를 보니 전사의 말이 다 억지소리는 아닌 듯했어요. 한 치의 흐트러짐도 없는 문양과 장식은 마치 물이 흐르듯 자연스러우면서도 완벽했거든요. 이런 솜씨는 오랫동안 갈고 닦은 솜씨와 경험이 있는 예술가가 아니면 만들기 어려운 일이에요.

말을 마친 전사가 들어가려고 하자 샤브티가 불러 세웠어요.

"잠깐만요. 고향으로 돌아가는 일은 한 말씀도 안 하십니까?"

**배터시의 방패**

BC 1세기쯤.
강물 속에서 건져 올린 방패다. 제사를 지내고 제물로 방패를 강물에 던진 것으로 짐작된다. 나무로 방패를 만들어 앞면에 청동을 씌우고, 에나멜로 꾸몄다.

판사를 올려다보던 전사가 뒤통수를 긁적거렸어요.

"물병이 발굴된 곳은 프랑스 동부 바스유츠이고, 방패가 발견된 곳은 바로 여기 앞 템즈 강 바닥이야. 따지고 보면 우리는 그냥 제자리에 있는 거나 마찬가지야. 굳이 고향으로 돌아갈 일에 열을 올릴 필요는 없지."

"아니, 그럼 뭣하러 이 재판에 나오셨어요?"

샤브티가 발끈하며 묻자 전사는 어깨를 으쓱거리며 대답했어요.

"박물관의 유물들이 오래간만에 한자리에 모인다니까 한번 나와 본 거야. 이런 기회가 아니면 우리 켈트족의 우수성을 언제 또 알리겠어."

전사는 제 볼일은 다 끝났다는 듯 느릿느릿 자리로 돌아갔어요.

"아이참, 내가 못 살아."

샤브티는 팔짱을 끼며 투덜거렸어요. 그 모습에 갑자기 재판정 여기저기서 웃음소리가 터졌어요.

샤브티는 얼굴이 빨개지도록 소리쳤어요.

"다음 분은 빨리 증인석으로 나오세요!"

## 고대 유럽관의 다른 유물들

**돌로 만든 북**
BC 2500~2000년쯤.
아이의 무덤에서 나왔으며, 석회암을 원통 모양으로 조각해 만든 북이다.

**주먹도끼**
35만 년 전쯤.
돌을 날카롭게 깨트려 만든 단순한 도끼지만, 사냥을 할 때와 가죽을 벗길 때 꽤 쓸모 있었다. 사람이 처음 쓴 도구라는 것에 큰 뜻이 있다.

**거울 뒷면의 그림**
BC 350~300년쯤.
영웅 페르세우스가 메두사의 잘린 목을 바라보고 있는 모습이 새겨져 있는 거울 뒷면이다. 옛날에는 거울을 유리가 아니라 청동으로 만들었다.

## 다섯 번째 증인, 검은 왕국의 왕들

**[아프리카]**
이페 왕국의 오니
에도 족의 상아 탈

"어이, 켈트 족 전사! 너무 억울해 하지 말게. 우리처럼 아예 원시 예술이라고 얕잡아 보는 것도 아니잖나?"

이번에는 얼굴에 온통 줄무늬가 가득한 남자가 앞으로 나왔어요. 남자는 청동으로 만든 머리 조각상이었어요. 푸른빛이 감도는 조각은 단단한 청동이라고는 안 믿어질 만큼 부드럽고 섬세했어요. 턱과 입 둘레에 조그만 구멍들이 줄줄이 뚫려 있었어요. 마치 수염 자국 같았지요. 머리에는 모자 같기도 하고 왕관 같기도 한 것을 쓰고 있었어요.

"우리 아프리카 예술은 21세기에 만든 것도 모두 원시 미술이라고 말하니 얼마나 답답한 노릇인가? 하지만 날 자세히 보게. 나야말로 아프리카 예술이 얼마나 완벽하고 수준 높은지 말해 주는 청동 조각상이 아니겠나."
녹청빛이 은은하게 베어 나오는 청동 조각상이 웃으며 말했어요. 슬론 경이 파피루스 종이를 뒤적거리며 물었어요.
"증인은 어느 나라 대표로 나오셨어요?"
"저는 아프리카관의 대표이고, 이페 왕국의 오니입니다."
"오니가 무슨 뜻입니까?"
슬론 경이 호기심어린 눈으로 오니를 내려다보았어요.
그때 이제껏 조용히 있던 스콧 관장이 아는 체하며 나섰어요.

"아, 그건 제가 말씀드리지요. 오니란 '오모 오로우니'의 줄임말로 '희생자의 아들'이라는 뜻입니다. 이페 왕국의 전설에 따르면, 노예 출신이었던 여자의 아들이 훗날 이페 왕국의 왕이 되었기 대문에 '오니'라는 이름이 생겼다고 합니다.
우리 대영제국은 19세기 식민주의 시대부터 아프리카의 수준 높은 예술품들을 수집했습니다만, 이 작품처럼 아프리카 예술을 새롭게 생각하게 한 작품도 드물지요. 아프리카 예술이라면 형태가 없고 종교 색채가 강한 원시 미술만을 생각해 오던 유럽 사람들한테, 이 작품은 정말 아프리카 예술을 다시 생각하게 해 주었지요. 유럽보다 문명이 발달하지 못했다고 여겼던 아프리카에서, 그것도 거의 천 년 전에 이렇게 완벽한 예술품을 만들었다고는 상상도 못했으니까요."

스콧 관장은 청동 조각보다 더 열을 올리며 말했지요.

"어쨌든 이런 사실이 세상에 알려진 것도, 따지고 보면 우리 대영 제국이 식민지를 개척했기 때문입니다."

그 소리를 가만히 듣고만 있던 청동상이 갑자기 벌컥 화를 냈어요.

"뭐라고? 대영제국이 식민지를 개척했기 때문이라고? 이런 무례한 놈이 있나!"

오니가 화를 내자 스콧 관장은 움찔 놀라며 입을 다물었지요.

"그래. 네 말이 아예 틀린 것은 아니다. 하지만 너희가 나와 같은 아프리카 예술품을 유럽으로 가지고 올 때 예술품의 원래 주인한테 제대로 허락을 받은 적이 한 번이라도 있느냐? 너희는 평화롭게 사는 우리 땅에 총칼을 앞세우고 들어와 힘으로 나라를 빼앗지 않았느냐? 나는 다른 고대 예술품들과 마찬가지로 장례와 제사 의식에서 중요하게 쓰이고 있었다. 그런 나를 덜렁 떼어다 박물관에 가두어 놓고 뭐라고? 다 너희 덕분이라고?"

오니 왕은 당장이라도 스콧 관장한테 덤벼들 것처럼 펄펄 뛰었어요. 그때, 한쪽에서 차분한 목소리가 들려왔어요.
"폐하, 부디 고정하십시오."

### 이페 왕국의 오니
BC 1세기쯤.
아프리카 예술의 높은 수준을 말해 주는 청동 조각상이다. 푸른빛이 감도는 조각은 단단한 청동이라고는 안 믿어질 만큼 부드럽고 섬세하다.

목소리의 주인이 곧 모습을 드러냈어요. 무척 아름다운 여자였어요. 상아로 만든 탈은 커다란 눈에서 신비로운 빛을 내뿜고 있었어요. 탈은 베냉 왕국의 여왕 이디아를 본뜬 듯했어요. 이디아는 베냉 왕국의 내란을 잠재운 에시기에 왕의 어머니이지요.

"에시기에 왕은 어머니의 제사가 돌아오면 이디아 여왕의 넋을 위로하려고 저를 썼지요."

"머리 위의 장식이 참 독특하군요. 사람 머리 같기도 하고……."

탈을 살펴보던 슬론 경이 궁금함을 못 참고 물었어요.

"아, 이것은 포르투갈 사람 얼굴입니다. 다 더하면 열하나지요."

"왜 하필 포르투갈 사람이지요?"

슬론 경이 뜬금없다는 얼굴로 고개를 갸웃거렸어요.

**에도 족의 상아 탈**
커다란 눈에서 신비로운 빛을 내뿜고 있는 듯한 에도 족의 상아 탈이다. 이 탈은 베냉 왕국의 여왕 이디아를 본떠 만들었다. 탈의 머리 꼭대기에 포르투갈 사람들이 똑같은 모습으로 긴 수염을 늘어뜨리고 있다.

"아주 오랜 옛날 북쪽의 이갈라 족이 쳐들어 온 적이 있었지요. 그때 위대한 에시기에 왕은 포르투갈 사람들의 도움을 받아 이들을 물리치고 왕국을 지켜 냈답니다. 이 장식은 그때 일을 기념하려고 조각해 넣었지요."

말을 마친 탈은 이페의 오니 조각상으로 머리를 돌렸어요.
"이페의 왕이시여! 부디 노여움을 거두어 주십시오. 당신의 말대로 우리를 빼앗아 온 서양 사람들은 벌을 받아야 합니다. 하지만 우리가 유럽에 소개된 뒤 서양 사람들은 아프리카 예술을 다시 생각했지요. 더욱이 20세기 현대 서양 미술은 아프리카 민속 미술에서 영감을 얻었다고 해도 될 만큼 우리는 아주 중요하지요. 서양 현대 미술의 아버지라고 일컫는 피카소의 입체주의는 바로 아프리카 가면에서 많은 영향을 받았잖아요."

상아로 만든 탈은 자애로운 어머니답게 '오니'를 다독였어요.
'오니'는 못 이기는 척 눈을 내리깔았어요.
"자, 그럼 오니의 증언은 이쯤으로 하고, 다음 증인은 앞으로 나와 주십시오."

샤브티가 낭랑한 목소리로 말했어요.

# 여섯 번째 증인,
# 마야와 잉카의 후예들

[중남미]
푸른 테스카틀리포카 신의 머리
머리가 둘인 뱀

샤브티가 다음 증인을 부르자 갑자기 바람이 불어왔어요. 바람은 재판정에 있는 사람들 등골을 오싹하게 할 만큼 차가웠어요. 그러더니 음침한 안개가 재판정을 뒤덮었어요. 재판정은 어두컴컴한 무덤 속처럼 조용해졌지요.

겁을 잔뜩 집어먹은 샤브티가 모기만 한 소리로 다시 말했어요.

"여…… 여섯 번째 증인께서는 앞으로 나와 주시기 바랍니다."

슬론 경도 커다란 눈을 이리저리 굴리며 둘레를 살폈어요.

그때 갑자기 사방이 캄캄해지면서 눈앞도 볼 수 없게 되었어요. 조금 뒤 천장 위에 별이 하나 둘

솟았어요. 반짝거리는 별들 사이로 달도 보였어요.

"아니, 여기는?"

스콧 관장이 소스라치게 놀라 외쳤어요.

그럴 만도 했지요. 방금 전까지 멀쩡했던 재판정이 난데없는 밀림 숲 속으로 바뀌었으니까요.

숲 여기저기에서 이름 모를 새들이 울었어요. 밀림 한가운데에는 거대한 아즈텍 신전이 우뚝 솟아 있었어요. 신전 꼭대기에는 화롯불이 활활 타오르고 있었지요.

"놀랄 것 없다. 너희가 와 있는 곳은 다름 아닌 테스카틀리포카의 신전 앞이다."

신전에 있는 계단 위에서 싸늘한 목소리가 울려 퍼졌어요. 스콧 관장은 소리 나는 쪽을 올려다보다가 그만 새하얗게 질렸어요.

"해골이다! 해골이 말을 한다!"

스콧 관장의 말이 맞았어요.

계단 한가운데에서 아래를 내려다보고 있는 것은 놀랍게도 해골이었어요. 그런데 해골의 생김새가 독특했어요. 해골은 온통 푸른 터키석과 검은 황철석으로 덮여 있었어요. 코와 눈은 이상한 무늬로 꾸몄고요. 더욱이 황철석으로 만든 눈은 사람의 마음을 꿰뚫어 보는 듯 빛을 냈어요. 머리 뒤쪽으로는 기다란 가죽 줄이 붙어 있는

데, 해골이 말을 할 때마다 늘었다 줄었다 했어요. 아마 턱뼈와 머리뼈를 이어 주는 매듭인 것 같았어요.

"나는 테스카틀리포카. 스콧 관장, 멕시코 전시실에서 나 못 봤나?"

그 말에 스콧 관장은 두 손으로 가렸던 얼굴을 내밀었어요. 그러고는 계단 위에 있는 해골을 한참 동안 바라보았지요.

"아, 맞다. 서기 1400년쯤에 만들어진 아즈텍 문명의 걸작품!"

스콧 관장은 겁에 질려 호들갑을 떨던 모습을 떨쳐 버리려는 듯 헛기침까지 해 댔어요.

"박물관 관장이라는 사람이 저렇게 겁이 많아서야……."

샤브티가 쯧쯧 하고 혀를 찼어요.

"이 재판인가 뭔가 하면서 온갖 유물들이 나와 내 정신을 빼는 바람에 잠깐 깜박했을 뿐이라고."

스콧 관장은 얼렁뚱땅 둘러댔지만 아무도 그 말을 안 믿었어요.

"나는 그냥 가면이 아니다. 아즈텍의 위대한 신 테스카틀리포카다. 난 전사의 신이자 밤의 신이기도 하다. 세상을 만든 신이면서

모든 죄를 꿰뚫어 보고 심판하는 신이기도 하지. 그러니 스콧 관장, 네가 지금까지 살면서 지은 죄도 내 눈에는 훤히 다 보인다."

해골은 푸른빛을 반짝이며 근엄하게 말했어요. 해골의 무서운 얼굴은 굳이 말하지 않아도 테스카틀리포카의 무자비한 힘을 느낄 수 있었지요. 해골은 이어서 말했어요.

"나는 주술사들한테 신비한 힘을 주고, 사람은 도저히 풀 수 없는 죽음의 수수께끼 해답을 알고 있다. 그러니 누구든 저승이 궁금한 사람은 내게 말하라. 언제든지 저승으로 보내 줄 마음이 있으니까. 어떤가? 스콧 관장, 골치 아픈 재판은 그만두고 저승 구경 한번 안 하겠나?"

**푸른 테스카틀리포카 신의 머리**

서기 1400~1521년쯤. 창조자 테스카틀리포카의 모자이크 머리로, 사람의 머리뼈에 보석을 붙여 만들었다. 그때 아즈텍 왕실은 공예가들한테 최고급 보석 세공 작품을 만들도록 했다.

스콧 관장은 화들짝 놀라며 손을 내저었어요. 그 대신 전부터 궁금했던 것을 물었어요.

"아직은 저승 구경할 생각이 없습니다. 그런데 한 가지 궁금한 게 있어요. 아즈텍 문명 같은 기술이면 굳이 진짜 사람의 해골을 안 써도 신의 상징물을 만들 수 있었을 텐데요. 왜 진짜 해골로 만든 것이지요?"

"아즈텍 사람들은 우리 신한테 사람 제물을 바치는 걸 큰 영광으로 생각했어. 제사 때마다 사람의 목숨과 피를 바치는 것으로 신께 경외심을 나타냈지. 우리 아즈텍 신들은 이런 제사를 기쁘게 받았지. 난 제물로 바쳐진 남자의 해골로 만들어진 것이다. 내 이를 봐. 이건 진짜 이빨이라고."

해골은 한껏 으스대며 말했어요.
그때였어요. 신전 안에서 다른 목소리가 들려왔어요.
"아니야! 모든 신들이 그런 건 아니야."
난데없이 날렵한 뱀 한 마리가 튀어나오며 해골의 말을 잘랐어요.
"모든 아즈텍 신이 사람의 목숨을 바란 건 아니라고."
뱀은 해골 곁으로 기어왔어요. 그런데 뱀은 희한하게도 머리가 둘이었어요. 몸통 양쪽으로 똑같은 머리가 붙어 있었지요. 또 몸은 온통 푸른 터키석 모자이크로 뒤덮여 있었지요.

"쳇, 난 또 누구라고. 케찰코아틀 네 놈이냐?"
해골이 퉁명스럽게 말했어요.

"그래 케찰코아틀이다. 나는 아즈텍 문명에서 으뜸인 뱀신이다. 난 신들 가운데 힘이 가장 세지. 하지만 싸움이나 전쟁을 싫어해. 다른 신들이 반대를 해도 사람 편에 서기를 좋아하는 너그러운 신이야. 내가 사람을 만들고 사람한테 문화를 가르쳤으니 당연한 일이지."

케찰코아틀은 원래 왕의 권력을 상징하는 케찰, 그러니까 초록 깃털 또는 초록 날개가 달린 뱀으로 그려진다고 했어요.

"나는 아즈텍 사람들한테 옥수수를 키우는 방법과 불을 다루는 법, 신들한테 경배를 올리는 법도 가르쳐 주었어. 그 덕분에 사람들은 다른 어떤 신보다도 나를 사랑했지. 그 보답으로 나는 다른 신들이 사람의 피나 생명을 요구할 때 새의 깃털이나 뱀, 나비 같은 생명을 제물로 바치게 했어."

케찰코아틀의 말이 끝나자 곁에 있던 해골이 콧방귀를 뀌었어요.
"신이란 너처럼 말랑말랑해서는 안 돼. 그래서는 사람들이 금방 무시하고 만만하게 여긴단 말이야."
"무슨 소리야. 너처럼 사람한테 잔뜩 겁만 주고 난폭하게 하는 신보다는 나처럼 너그러운 신이 사람한테 경배받는 법이야."
 케찰코아틀이 던진 말에 싸움에서 밀리고 있던 테스카틀리포카가 갑자기 생각난 듯 소리쳤어요.
 "맞아. 우리 아즈텍 문명이 망한 것도 다 너 때문이라고."
 케찰코아틀은 무슨 뜻이냐며 대들었어요.
 "생각해 봐. 네가 죽기 전에 남긴 예언 때문에 아즈텍 후손들이 에스파냐 군대를 아무 의심 없이 받아들인 거 아니야?"
 해골이 따지듯 묻자 케찰코아틀은 두 머리를 떨어트렸어요.

 케찰코아틀이 전쟁의 신이 꾸민 음모로 세상 끝에서 쫓겨날 무렵이었어요.
 "때가 이르면 나 너희 가운데로 돌아가 수염 달린 하얀 사람들과 더불어

그 동쪽 바닷가로……."

케찰코아틀은 이런 예언을 남기고 하늘로 사라졌어요.

그런데 하필이면 에스파냐 군대가 아즈텍을 침략한 1519년이 케찰코아틀이 돌아온다는 그 예언의 해였어요. 게다가 에스파냐 사람들은 케찰코아틀이 말한 흰살과 검은 머리와 수염이 있었고요. 거기다 더욱 어이없는 건 에스파냐 군대가 바닷가에 상륙할 때 가져간 십자가가 케찰코아틀을 상징하는 문양과 비슷하게 생겼던 거예요.

그래서 아즈텍 왕과 군인들은 에스파냐 군대를 케찰코아틀이라고 믿었어요. 아무런 의심도 안 했지요. 하지만 환영을 받은 에스파냐 군대가 곧 본색을 드러내고 침략과 약탈을 일삼자, 아즈텍 왕국은 멸망하고 말지요.

### 머리가 둘인 뱀

1500년쯤.
터키석으로 모자이크를 한 머리가 둘인 뱀이다. 아즈텍의 보석 세공을 잘하는 기술자는 조개껍질이나 터키석 같은 보석으로 가면이나 방패, 장신구를 많이 만들었다.

"우연인지 몰라도 네가 사람들한테 한 예언이 에스파냐 침략자들을 돕는 꼴이 되었으니 네 책임이 크단 말이야."

테스카틀리포카는 냉정한 말투로 케찰코아틀을 몰아붙였어요.

케찰코아틀은 아무 말도 없이 테스카틀리포카가 하는 말을 듣고만 있었어요. 어떤 신보다도 사람을 사랑하고 사람한테 훌륭한 문명을 가르친 신으로서 정말 가슴 아픈 일이었지요.

"그래서 지금도 난 하늘에서 편안히 못 있어."

"케찰코아틀 신이시여, 너무 마음 상하지 마십시오. 아즈텍 제국의 멸망이 꼭 당신 탓만은 아닐 겁니다."

그때까지 가만히 지켜보기만 하던 슬론 경이 나섰어요.

"판사님 말씀이 맞아요. 우리 위대한 이집트 왕국도 로마의 속국이 되었을 때 신들만 원망하지는 않았답니다."

샤브티도 한마디 거들었어요.

"그래서 이 자리에 나온 겁니다. 스콧 관장, 부디 우리를 다시 멕시코 아즈텍 유적지로 돌려보내 주게. 비록 멸망했어도 우리 제국의 흔적이 남아 있는 땅으로 돌아가고 싶어."

케찰코아틀과 테스카틀리포카는 이 말을 남기고 신전 안으로 사라졌어요. 두 신이 사라지자 재판정은 다시 대영박물관 지하로 되돌아와 있었지요.

## 중남미관의 다른 유물들

**벌새 문양을 그린 그릇**
BC 200~AD 600년쯤.
그릇에 벌새가 꽃 둘레를 날아다니는 모양을 그렸다. 그때 중남미 사람들은 벌새를 신과 사람의 중재자라고 생각했다.

**피 흘리는 왕비**
600~900년쯤.
왕비가 피흘리는 의식을 하는 장면을 조각했다. 마야의 왕 재규어 버드 4세의 즉위를 축하하려고 만든 연작 세 편 가운데 하나다.

**옥으로 만든 도끼**
BC 1400~1200년쯤.
열대 지방의 악어와 표범을 섞은 듯한 모양의 도끼이다. 머리에 있는 브이 자는 지하 세계까지 찍을 수 있는 도끼의 힘을 표현했다.

일곱 번째 증인,

# 신이 사는 나라

[인도와 오세아니아]
난쟁이를 밟고 선 시바
폴리네시아 신상

　스콧 관장은 테스카틀리포카의 번쩍거리던 눈이 자꾸 생각나 부르르 진저리를 쳤어요. 새로운 증인들이 나타날 때마다 놀라지 않으면, 꾸중을 들어야 하니 이제는 정말 지칠 지경이었지요.
　"판사님, 도대체 얼마나 더 증인들의 이야기를 들어야 합니까? 계속 의자에 앉아 있자니 허리가 아파 이젠 도저히 못 견디겠어요."
　스콧 관장은 엉덩이를 들썩거려 보았어요. 물론 스콧 관장의 엉덩이는 가죽 의자에 꽉 달라붙어 꼼짝을 안 했지요.
　"다른 건 다 참겠는데 이렇게 한 자리에 붙어서 꼼짝을 못하니 갑갑해 죽을 지경이에요. 안 도망갈 테니 제발 어떻게 좀 해 주십시오."
　슬론 경은 애걸하는 스콧 관장을 내려다보며 혀를 끌끌 찼어요.
　"이제 증언도 거의 끝나가니 조금만 더 참아 주세요."

샤브티가 스콧 관장을 빠끔히 내려다보며 말했어요.

"관장님, 의자에 붙어 계신 지 얼마나 되었다고 벌써 싫증을 내세요? 우리 유물들은 답답한 유리장에 갇혀 몇십 년, 아니 이백 년이 넘게 한 자리에 서 있기도 했는데요."

샤브티의 말투는 꼬집어 주고 싶을 만큼 얄미웠어요. 그래도 틀린 말은 아니었지요.

"그런 말도 안 되는 소리가 어딨어? 그럼 진열장에 안전하게 들어 있는 유물과 억지로 붙잡혀 있는 내가 같은 처지란 말이냐? 난 지금 여기 억지로 붙들려 있는 거라고!"

스콧 관장은 씩씩거리며 대들었어요.

"참 내, 여태까지 유물들의 증언은 어디로 들으셨어요? 우리 유물들도 좋아서 여기 있는 게 아니에요. 따지고 보면 우리도 붙들려 있는 거라고요. 이제는 그만 자유롭게 풀려나 집으로 돌아가고 싶다고요."

샤브티가 매몰차게 대답하자 스콧 관장은 한숨을 내쉬었어요.

'붙들려 있는 거라고? 꼭 억울한 감옥살이라도 하는 것처럼 말하는군. 도대체 세계 으뜸으로 손꼽히는 대영박물관에 사는 게 뭐가 그리 불만이라고 이 난리들인지 모르겠단 말이야.'

스콧 관장은 팔짱을 끼고 앉아 고민에 빠졌어요. 하지만 의자에 달라붙어 꼼짝 못하는 자신을 떠올리자 유물들의 기분을 조금은 알

것도 같았어요.

샤브티는 파피루스 종이를 뒤적거리며 다음 증인을 불렀어요.

"인도와 오세아니아 대표는 앞으로 나와 주세요."

스콧 관장은 샤브티가 증인을 부르는 소리에 목이 움츠러들었어요. 이번에는 또 어떤 무시무시한 증인이 나올지 겁이 났거든요. 그런데 갑자기 아름다운 음악이 재판정 한가운데에서 울려퍼졌어요. 생전 못 들어 본 아름답고 신비로운 음악이었어요. 그 음악은 사람의 마음을 따뜻하게 부풀리기도 하고 차갑게 얼리기도 했어요. 마치 따뜻한 봄바람과 겨울의 차가운 바람이 같이 부는 듯했지요. 어쨌든 한번 들으면 절대로 잊을 수 없는 음악이었어요.

겁을 집어먹은 스콧 관장도 어느새 음악에 빠져들어 고개를 까딱거렸어요. 음악은 굳게 닫혔던 스콧 관장의 마음도 단번에 사로잡았어요.

"도대체 이건 어디서 나는 음악이지?"

스콧 관장이 둘레를 두리번거리는데 저쪽에서 붉은 불이 타원형으로 불타오르는 게 보였어요. 자세히 보니 그 불 안에 한 남자가 춤을 추고 있었어요. 스콧 관장은 깜짝 놀라 남자를 바라보았어요.

남자는 불이 안 뜨거운지 팔 다리를 마음대로 움직이며 춤을 추었어요. 그런데 가만히 보니

남자는 팔이 넷이었어요. 뒤쪽 왼손에는 모래시계 모양의 북을, 오른손에는 창을 들고 있었어요. 왼발은 높이 쳐들고 춤을 추는데, 오른발은 사람 같기도 하고 짐승 같기도 한 물체를 밟고 서 있었어요.

**난쟁이를 밟고 선 시바**

110년쯤.
난쟁이 아파스마라를 밟고 선 시바. 시바는 세상 만물을 창조하거나 부수는, 힘이 아주 센 신이다.

"어떤가? 내 춤이 마음에 드나?"

남자는 어느새 스콧 관장 코앞까지 다가와 말을 붙였어요.

"네?"

스콧 관장은 너무 놀라 말까지 더듬거렸지요. 그 남자의 눈은 셋이나 달려 있었어요. 양쪽 눈 사이 미간에 눈이 하나 더 붙어 있었지요. 스콧 관장은 침을 꿀꺽 삼키더니 간신히 입을 뗐어요.

"저, 혹시 시바 아니십니까?"

둥근 불꽃에 둘러싸인 남자는 껄껄 웃으며 대답했어요.

"역시 대영박물관 관장답구먼. 그래 나는 힌두교의 으뜸 신인 시바다. 그런데 너는 이제껏 나한테 한 번도 경배를 안 올리더구나. 도대체 무슨 배짱이지?"

스콧 관장은 소스라치게 놀랐어요. 춤을 추며 즐거워하던 시바 신의 얼굴이 갑자기 무섭게 바뀌었거든요. 스콧 관장은 얼핏 시바가 파괴의 신이라는 말이 떠올랐어요. 그래서 머리를 깊이 숙이며 말했어요.

"저는 비록 힌두교 신자는 아니지만 신을 공경하고 두려워하는 마음은 언제나 변함없었습니다."

"그래……?"

시바 신은 못 미더운 얼굴로 스콧 관장을 내려다보았어요. 그런데 이상하게도 시바 신은 춤을 계속 추었어요. 스콧 관장과 이야기를 나누는 동안 조금도 가만있지 않았어요. 그 모습을 본 스콧 관장은 예의를 갖춰 한마디 했어요.

"신이시여! 힘드실 텐데 춤은 그만 추시지요?"

"뭐라고? 춤추는 것을 그만두라고? 그럼 넌 이 세상이 끝나기를 바라느냐?"

시바 신의 차가운 한마디에 갑자기 재판정이 조용해졌어요.

"내가 추는 춤은 파괴와 창조를 순환하는 의식이다. 내가 춤을 멈추면 우주의 순환은 멈추고 말아. 내가 춤을 추어야만 세상은 만들어지고 또 없어지는 것이다. 파괴 뒤에는 새로운 창조의 시간이 돌아오고, 창조의 시간이 다하면 파괴의 시간이 오는 것이다. 그것이 세상의 이치지. 내 손을 보아라. 내 손에 들린 북과 창이 창조와 오래된 질서를 파괴하는 상징이다. 그리고 나의 세 번째 눈은 바로 우주의 종말을 가르쳐 주는 신호지."

"신호라고요?"

"내 세 번째 눈이 감기는 날이 바로 우주가 멸망하는 날이야."

시바 신은 끊임없이 춤을 추며 말했어요.

"나는 죽음의 열병을 몰고 다니는 무서운 신이다. 하지만 춤과 음악을 즐기고 이를 사람들한테 가르쳐 주기도 하지. 고행자들한테는 은혜를 베푸는 자비로운 신이기도 하다. 이런 내 성격은 내 앞쪽의 두 손에 나타나 있다. 아래위로 엇갈려 있는 손은 삶과 죽음이 이루어지도록 하고 있지."

그때였어요. 시바 신이 밟고 있던 물체가 꿈틀거렸어요. 자세히 보니 몸집이 작은 난쟁이였어요. 난쟁이는 시바 신의 발에서 도망이라도 치려는 듯 버둥거렸지요.

"요 아파스마라 놈! 내가 얘기하느라 잠깐 정신을 팔았더니 그 틈을 타려고."

시바 신은 난쟁이가 못 도망가게 얼른 오른발에 힘을 꽉 주었어요. 난쟁이는 금세 쥐죽은 듯 조용해졌어요.

"이 아파스마라 놈은 아는 것도 없고 악으로 뭉친 덩어리다. 바로 너와 같은 사람이 끊임없이 경계해야 할 놈이지."

스콧 관장은 시바 신이 지금껏 만나 본 그 어떤 신보다 삶의 이치를 잘 안다고 생각했어요. 그러면서 가장 두려운 신이기도 했어요.

"파괴의 신이면서 창조의 신이시여! 당신께서는 인도에서 가장 널리 숭배받는 신이 아닙니까? 그 덕분에 인도에는 어디든 당신을 기리는 사원과 조각이 넘쳐나고요. 그러니 굳이 인도로 돌아가실 필요가 있겠습니까?"

스콧 관장이 조심스럽게 말을 꺼냈어요.

"흥! 말 한번 번드르르하게 하는구나. 네 말이 맞다. 예나 이제나 인도에는 나만큼 사랑받은 신은 없지. 하지만 여기는 사원도 아니고, 난 지금 신 대접을 못 받고 있다. 그저 잘해야 귀한 예술품 대접 쯤이지. 난 이제 그런 눈길이 정말 싫어. 신물이 나. 난 우주의 으뜸 신이다. 그러니 그에 어울리는 대접을 받는 게 당연하지. 이제는 나를 으뜸으로 떠받들어 주는 고향으로 돌아가고 싶단 말이다!"

시바 신은 또다시 무시무시한 얼굴로 화를 냈어요.

"잠깐! 우주의 으뜸 신이라고? 그게 무슨 달이오. 우주의 으뜸 신은 바로 나란 말이오."

"누구야? 감히 위대한 이 시바 신한테 맞서는 놈이!"

시바 신은 둘레를 둘러보다 그만 "으악" 하고 소리치더니 한 발 물러섰어요. 하마터면 놀라서 춤추는 것을 잠시 잊을 뻔했지요. 그도 그럴 것이 시바 신 앞으로 뚜벅뚜벅 걸어 나오는 사람이 정말 괴상하게 생겼으니까요.

나무로 만든 사람인데, 머리통은 커다랗고 동그랗고 몸통은 길쭉했어요. 팔다리는 몸통에 찰싹 달라붙어 있었지요. 그런데 눈, 코, 입, 귀, 하다못해 수염과 배꼽 모두 작은 사람들로 꽉 차 있었어요.

팔꿈치, 무릎, 젖꼭지 할 것 없이 모두 난쟁이보다도 작은 사람들이 달라붙어 모양을 만들고 있었어요.

나무 사람은 자기를 소개했어요.

"나는 '아' 라고 해. 오세아니아 군도의 루루투 섬의 조상이기도 하지. 오세아니아라는 말은 태평양 가운데 흩어져 있는 열대 섬들이 모인 지역이라는 뜻이야. 거기서도 난 폴리네시아 쪽 신이지."

'아'는 시바 신보다는 투박해 보였어요. 그리고 말투도 느릿느릿했고요. 하지만 성격은 훨씬 좋아보였어요. 다만 온몸에 달라붙어 있는 작은 사람들은 좀 징그러웠지요.

"인도의 시바 신이 우주를 다스린다고 했지만, 그건 엄밀히 따지면 인도 사람들 얘기지. 우리 폴리네시아 사람들은 내가 우주를 움직인다고 생각했거든. 그러니까 난 폴리네시아 사람들의 우주를 만들고 지켜 주는 신이야. 물론 인도에 가서는 별 힘을 못 쓰겠지만 말이야."

'아'는 느리지만 또렷한 목소리로 말했어요. 스콧 관장은 얼른 시바 신을 바라보았어요. 불 같은 시바 신이 뭐라고 나올지 겁이 났거든요. 그런데 이게 웬일이에요? 시바 신이 고개를 끄덕이고 있는 거예요.

"하긴 따지고 보면 '아'의 말이 꼭 틀린 것도 아니야. 어느 나라든 그 나라만의 신이 있게 마련이지. 그래서 나도 고향으로 돌아가고 싶어 하는 거니까."

역시 시바 신은 철학을 아는 신답게 생각이 깊었어요.

"그런데 네 등에 난 구멍은 뭐에 쓰는 거냐?"

시바 신이 '아'의 등을 들여다보며 물었어요. 정말 '아'의 등에는 커다란 구멍이 뚫려 있었어요.

**폴리네시아 신상**

폴리네시아의 신이고 오세아니아 군도의 루루투 섬의 조상인 '아'를 나무 조각으로 만들었다. 수염은 거꾸로 선 사람, 배꼽은 쪼그려 앉은 사람으로 만들었고, 몸의 각 부위가 모두 사람 모양이다. 폴리네시아의 조각 가운데 가장 정교하고 이름난 것이다.

"이건 원래 나무 인형을 넣어 두는 구멍인데, 여기로 오면서 인형들이 다 없어졌어."

"뭐? 온몸에 인형이 득실거리는 것도 모자라 몸속에까지 인형을 넣었다고?"

"모두 스물넷이나 들어 있었는걸!"

재판정에 모여 있던 유물들이 입을 벌리고 놀라워했지만 '아'는 아무렇지 않게 대답했어요.

"난 잃어버린 인형을 찾으러 가야 해. 그 인형들이 없으면 난 완벽한 신이 될 수 없거든. 그래서 지금은 아무런 힘도 못 써."

'아'의 목소리는 구슬프기까지 했어요. 꼭 아이를 잃어버린 슬픈 엄마 같았지요. 스콧 관장은 재판정에 들어온 뒤 처음으로 마음이 움직였어요. 만약 '아'가 자꾸 자기 나라로 보내 달라고 조른다면 자신도 어떤 결정을 내릴지 알 수 없을 것 같았지요.

스콧 관장은 머리를 흔들며 마음을 다잡았어요.

"안 되지 안 돼. 아무리 그래도 대영박물관의 귀중한 소장품들을 내줄 수는 없어."

스콧 관장은 자신의 마음이 흔들리자 점점 불안해졌어요.

"내가 왜 이러지? 유물들이 무슨 짓을 해도 내 마음은 안 변해."

스콧 관장은 자신을 타이르듯 중얼거렸어요.

## 인도관의 다른 유물들

**탑 모양 사리함**
**2세기쯤.**
불교 신자들은 죽으면 화장을 한다. 오래도록 수행을 한 사람은 화장을 하면 파란 구슬처럼 생긴 사리가 나오는데, 그 사리를 보관하는 함이다.

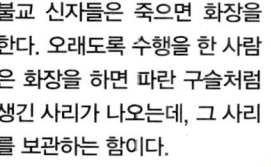

**티베트로 불교를 전한 스님**
**9세기쯤.**
파드마삼바바다. 8세기에 석가모니 부처님의 가르침을 티베트에 전한 인도의 스님이다.

**사원 모양 조각**
**서부 인도 18~19세기.**
힌두교 성지에서 흔히 볼 수 있는 힌두 사원의 모형이다. 인도 사람들은 이 모형을 기부하면 복을 받는다고 믿었다.

여덟 번째 증인,
# 동쪽에서 온 예술품

[중국, 일본]
루안의 좌상
호쿠사이 목판화

"다음 증인은 누구시더라?"

샤브티가 파피루스 종이를 넘기며 증인을 찾았어요.

"아, 맞다. 중국과 일본이지. 대표께서는 증인석으로 나오십시오."

샤브티가 고개를 드는데 벌써 증인석에 스님 한 분이 가부좌를 틀고 앉아 계셨어요.

"벌써 나오셨군요, 스님."

샤브티가 아는 체를 하며 인사했어요.

그때 은은한 향 냄새가 재판정에 퍼졌어요. 향내는 재판정 곳곳에 스며들어 마음을 차분히 가라앉혀 주었지요.

"마음의 수행은 곧 몸의 수행이니, 누구든 진리를 찾는 자는 먼저 자신의 마음부터 들여다볼 줄 알아야 편안해지노라……."

조용히 앉아 있던 스님의 입술 사이에서 나즈막한 말소리가 흘러나왔어요.

"누군가 했더니 중국관에 있던 '루안의 좌상'이었구먼."

**루안의 좌상**

반들반들 윤이 나는 도자기로 스님의 모습을 만들었다. 초록 빛깔 장삼 위에 붉은 가사를 걸치고 바위 위에 앉아 두 손을 얌전히 포개고 있다. 스님의 하얀 얼굴과 붉고 푸른 옷이 아주 잘 어울린다.

스콧 관장은 심드렁한 얼굴로 중얼거렸어요.

'루안의 좌상' 이라고 이름붙은 스님은 반들반들 윤이 나는 도자기로 만들어져 있었어요. 진한 초록 장삼 위에 붉은 가사를 걸치고 두 손을 양전히 포개고 있었지요. 바위 위에 앉아 있는 스님은 얼굴만큼이나 모습도 무게가 있어 보였지요.

스님의 하얀 얼굴과 붉고 푸른 옷이 썩 잘 어울렸어요. 무엇보다도 스님의 커다란 귀가 눈에 와 닿았어요.

슬론 경이 두 손을 합장하며 스님한테 정중하게 인사를 했어요.

"불도를 닦고 계신데, 귀한 시간을 내 주셔서 고맙습니다."

스님이 맞절을 하며 대답했어요.

"무얼요. 이렇게 불러 주니 제가 오히려 고맙지요."

두 사람의 이야기를 듣던 스콧 관장이 끼어들었어요.

"그럼 저 '루안의 좌상' 은 스스로 나온 게 아니란 말씀입니까?"

샤브티가 대답을 했어요.

"네. 사실 천 년이 넘게 불도를 닦고 있는 스님을 나오게 하는 데 애를 좀 먹었지요. 스님은 어디에 있든, 무엇을 하든 세상 만물의 모든 고통은 마음속에 있다고 하시며 다툼이 있는 재판정에는 안 나오시겠다고 마다하셨거든요."

"그런데 싫다는 사람까지 왜 억지로 끌어낸 거야? 나를 죄인으로 만들려고 별 수를 다 썼군."

스콧 관장은 못마땅한 듯 투덜거렸어요.

"그건 당삼채로 만든 불교 좌상이 드물기 때문이지."

스님은 천천히 말을 이었어요. 스님은 자상하지만 근엄한 얼굴로 스콧 관장을 바라보았어요. 스콧 관장은 가슴 한가운데로 화살이 뚫고 지나가는 듯한 느낌을 받았어요. 그만큼 스님의 눈빛이 날카로웠지요.

"마음 같아서야 이 자리에서 부처의 가르침을 알리고 싶지만, 분위기를 보니 모두들 제 나라 문명에 얽힌 자랑들이 대단하더구먼. 그러니 나도 한몫 거드는 게 도리가 아닌가 싶네."

스님은 정말 해탈한 분답게 마음 씀씀이가 넓었어요.

"중국의 오래된 문화 예술과 역사를 이 자리에서 다 설명하기에는 물론 벅차지. 당나라 시대에 만들어진 이 '당삼채'야말로 중국의 으뜸 예술이라네. 당삼채란 당나라 시대에 많이 만든 도자기라네. 삼채는 하양, 초록, 밤빛의 세 가지 빛깔로 칠한 화려한 도자기를 말하지. 당삼채 도자기에는 인물상, 동물상이 많고 중동 지역의 문양이 그려진 것도 많지."

스님은 자리에서 일어나더니 가사와 장삼을 넓게 펼쳐 보였어요.

"어떤가? 천 년이 훨씬 넘었어도 빛 하나 안 바랜 이 옷 빛깔을 보게. 정말 놀랍지 않나?"

　스님 말대로 붉고 푸른 옷 빛깔은 정말 뚜렷했어요. 마치 방금 물들인 옷감 같았지요.

　"하지만 당삼채는 그냥 도자기 유약 기법만을 뜻하지는 않네. 당나라는 서기 7, 8세기쯤에 중국의 전성기를 이룬 나라였지. 당나라는 여러 작은 나라를 통일하고 민족을 하나로 만들었으며, 경제를 키워 그때 중국을 세계에서 잘 사는 나라에 오르게 했네. 또한 당 왕조는 개방 정책을 써서 외국과 활발하게 교류를 했다네. 그 덕분에 문화 예술도 눈부시게 발전할 수 있었지. 당삼채는 이러한 역사 속에서 꽃을 피운 예술이야."

　스님은 당삼채가 주로 귀족 계급 사이에서 사랑받았다고 설명했어요.

"당나라가 번성한 만큼 그 지배 계급인 왕족과 귀족도 사치를 부렸지. 그들은 살아 있을 때 모아 두었던 재산이나 시종, 무사, 악사, 무희, 가수, 동물과 생활 용품들을 죽은 뒤에도 누리길 원했다네. 물론 불교에서 보면 그런 것들은 다 부질없는 짓이지만, 귀족들은 이런 것들을 모두 삼채 도자기로 만들어 부장품으로 자신의 무덤에 함께 묻어 주길 바랐지. 그러면 자신의 권위가 살아 있을 때처럼 죽은 뒤에도 이어지리라 믿었던 거야. 그 덕분에 많은 당삼채 도자기들이 수없는 전쟁과 약탈의 역사 속에서도 살아남았지."

스님의 설명을 주의 깊게 듣고 있던 스콧 관장이 한마디 끼어들었어요.

"그런데 스님, 참 이상하네요. 당삼채가 사치스러운 귀족들의 문화를 상징한다면서, 왜 세상의 욕심과는 먼 스님은 삼채로 만들었을까요? 이건 앞뒤가 안 맞는 이야기잖아요."

스콧 관장의 말투는 꽤나 건방졌어요. 하지만 스님은 그저 빙그레 웃을 뿐이었지요.

"자네 말도 맞네. 하지만 날 잘 보게나. 내 모습에서 당나라 귀족의 사치스러운 모습이 보이는가?"

스콧 관장은 자비롭게 웃으며 앉아 있는 스님을 찬찬히 뜯어보았어요. 스콧 관장도 당삼채 미술품이라면 누구보다도 많이 봐 온 사람이었으니까요. 박물관 중국 전시실에도 당삼채 도자기라면 어느 박물관에도 뒤지지 않을 만큼 많이 전시되어 있고요. 그런데 오늘 보니 스님의 모습은 좀 달랐어요. 보면 볼수록 스님은 수수했어요. 하양, 초록, 붉은 빛이 강하게 대비되는 빛깔도 스님의 차분한 자세를 흐트러뜨리진 못했지요. 한참 동안 스님을 바라보던 스콧 관장이 한숨을 내쉬며 말했어요.

"역시 스님 말이 맞네요. 스님은 아무리 봐도 사치스럽거나 화려하지 않아요. 그런데 어떻게 그럴 수 있지요?"

스님은 인자하게 웃으며 대답했어요.

"그건 바로 내 안에 있는 자비로운 마음 덕분이네. 사람은 아무리 겉모습을 화려하게 치장해도 마음속에 지니고 있는 참모습까지는 가리지 못하는 법이거든."

그 말에 스콧 관장은 얼굴이 빨개졌어요. 스님의 말이 꼭 자기한테 하는 얘기 같았거든요. 설명을 마친 스님은 한마디 더 했어요.

"당삼채만큼이나 화려하지만 그 속에 담긴 뜻은 아주 소박한 그림 한 점 만나 보겠나?"

스님은 손을 뻗어 증인석 아래를 가리켰어요. 거기에는 웬 할아버지가 사방에 화선지를 펼쳐 놓고 판화를 찍고 있었어요. 여러 가지 원색을 겹쳐서 찍었는데도 여러 빛깔이 잘 어울리는 판화였어요. 판화 속에는 세모나게 생긴 산도 있고, 길게 늘어진 다리도 있었어요. 사람들이 옹기종기 모여 있는 시장도 있었지요. 할아버지 둘레에 널려 있는 그림들을 보고 있자니 세상 모든 것이 모두 그림 안에 담겨 있는 듯했어요. 그 풍경들은 모두 화려하고 아름다웠지만 또 어디서나 흔히 볼 수 있는 평범한 삶이 담겨 있었어요. 샤브티가 얼른 나서서 물었어요.

"당신은 어느 나라 대표이십니까?"

그런데 할아버지는 들은 체도 안 하고 판화만 찍었어요. 꼭 아무 것도 안 들리는 귀머거리처럼요.

"저, 어느 나라에서 왔는지 말씀해 주십시오."

"거참 시끄럽군. 지금 그림 그리는 거 안 보여?"

할아버지는 화를 버럭 냈어요.

샤브티는 주눅이 들어 입을 꾹 다물었지요. 그러자 스콧 관장이 할아버지 둘레에 흩어져 있는 그림을 보며 말했어요.

"저 그림은 일본 미술을 대표하는 호쿠사이의 판화인데……, 그럼 할아버지가 그 유명한 유키요에 화가인 호쿠사이란 말입니까?"

"호쿠사이든 하쿠사이든 그게 무슨 상관이야. 난 그저 세상의 온갖 사물과 현상을 그림으로 그리는 것에만 관심이 있다네."

호쿠사이는 하얗게 센 머리를 긁적거리며 중얼거렸어요. 스콧 관장은 할아버지를 신기하다는 듯 바라보며 웃었어요.

"역시 소문대로 괴짜시군요. 일본 근대 미술을 대표하는 호쿠사이가 보통 괴짜가 아니었다고 하더니, 이제 보니 알겠네요."
스콧 관장은 청중을 보며 말문을 열었어요.

"호쿠사이는 살아 있을 때 삼만 점이 넘는 작품을 남길 만큼 재능과 열정이 남다른 화가입니다. 호쿠사이의 다색 판화는 우키요에의 대표 작품으로 손꼽지요. 우키요에는 일본의 근대, 그러니까 에도 시대(1603~1867)에 널리 그리던 그림풍을 말하는 것입니다. 호쿠사이는 좀 더 많은 그림 소재를 찾으려고 집을 아흔세 번이나 옮겼고, 서른 번이나 자신의 호를 고쳤지요."

그 말에 호쿠사이 할아버지가 겸연쩍은 얼굴로 말했어요.
"집을 아흔세 번이나 옮긴 건 세상의 모든 사물을 그림으로 표현하고자 하는 욕심도 있었지만, 방이 너무 더러워 어쩔 수 없이 이사를 하기도 했어. 난 원래 정리를 잘 못하거든."
"네? 청소하기 싫어서 이사를 했다고요?"
스콧 관장은 어이가 없다는 듯 되물었어요. 청중석에서도 웃음이 터져 나왔지요. 가만 보니 그럴 만도 했어요. 호쿠사이 할아버지가 나온 지 얼마 안 되었는데도 재판정 바닥은 벌써 발 디딜 틈도 없이 어질러져 있었거든요.
스콧 관장은 한숨을 내쉬더니 발밑에 떨어져 있는 그림 한 장을 집어 들었어요. 종이에는 하얀 눈으로 덮인 산이 가득 들어차 있었

**호쿠사이의 채색 목판화**

1830~1833년쯤.
이 목판화는 후지산 삼십육경 가운데 하나로, 호쿠사이의 연작 가운데 가장 간결하면서도 자연의 흐름을 잘 표현한 작품이다. 호쿠사이는 수많은 목판화를 만들었고, 그 목판화에는 언제나 후지산이 나온다.

어요. 그림은 작았지만 일본을 대표하는 산답게 후지산의 기운이 뚜렷하게 느껴졌어요.

"이 그림은 '후지산 삼십육경' 연작 가운데 하나입니다. 커다란 산의 특징을 간결한 선으로 훌륭히 표현해 냈지요. 성스러운 영혼이 머문다는 후지산의 웅장함과 고결함이 판화의 단순한 선에서 되살아나고 있습니다."

스콧 관장은 오랜만에 박물관 관장다운 목소리로 그림을 설명했어요. 청중석에 앉아 있던 유물들도 관장의 말에 귀를 기울였지요.

"흠흠. 어쨌든 호쿠사이가 서양 근대 미술에 끼친 영향은 정말 큽니다. 호쿠사이가 유럽 미술계에 소개된 사연도 재미있습니다. 19세기에 일본 도자기가 유럽으로 팔려 나갔는데, 그 도자기의 포장지로 쓴 그의 판화 복사본들이 유럽 근대 미술가들, 더욱이 인상주의자들의 눈길을 끌었지요. 고흐는 그의 판화를 유화로 베껴 그리기도 했고요. 인상주의 작곡가였던 드뷔시는 호쿠사이의 파도 그림을 보고 '바다'라는 교향시를 작곡하기도 했습니다."

"정말 그런 일이 있었나?"
스콧 관장의 설명을 듣던 호쿠사이 할아버지가 벌떡 일어나며 물었어요.

"정말 내 그림을 보고 유럽의 화가와 음악가들이 큰 영감을 받았단 말이야?"

"네. 정말입니다. 그런데 호쿠사이 씨는 전혀 모르셨나요?"

스콧 관장이 안타깝다는 듯 묻자 할아버지는 머리를 설레설레 저었어요.

"난 몰랐네. 사실 난 내 그림이 인기를 얻자 더 많은 수입을 올리려고 판화를 찍었어. 내 그림은 주로 서민들이 보는 우키요에니까 고상한 척할 필요가 없었거든."

그때 판사인 슬론 경이 끼어들었어요.

"그런데 호쿠사이 씨. 당신도 고향으로 돌아가기를 바라십니까? 그래서 나온 거지요?"

"아니, 난 그런 데는 관심 없어. 어차피 내 그림은 사방에 널렸으니까 어디에 있든 상관없어. 난 그저 내 목숨이 다할 때까지 새로운 풍경을 그릴 수 있다면 그걸로 만족하네."

할아버지는 중얼거리면서 자리로 돌아갔어요. 재판정에 있던 유물들은 호쿠사이의 무덤덤한 얼굴에 놀랐지요. 그 얼굴은 좀전에 보았던 루안의 스님과 무척 비슷했어요. 아무런 욕심 없이 그저 그림 그리기에만 빠져 있는 할아버지의 얼굴이, 꼭 세상 걱정에서 벗어나 편안한 경지에 이른 스님의 눈빛 같았거든요.

# 아홉 번째 증인,
## 해 뜨는 땅에서 온 마지막 손님

[한국]
아미타불경 채색 사본
유학자의 초상

"자, 그럼 이제 증인은 모두 다 나온 거지요?"

샤브티는 파피루스 종이를 뒤적거리며 말했어요.

"그럼 이제 피고인 스콧 관장의 마지막 변론을 들은 뒤 판사님이 판결을 내리겠습니다."

샤브티가 낭랑한 목소리로 스콧 관장을 부르려고 할 때였어요.

"잠깐! 아직 증인이 더 남았다고요."

청중석 맨 위쪽에서 큰 목소리가 들렸어요. 모두 그쪽을 바라보았지요. 그러자 청중석에서 푸른 도포를 입은 선비가 천천히 걸어 나왔어요.

"네? 아직 남았다고요?"

당황한 샤브티가 서둘러 파피루스 종이를 살펴보았어요.

"아, 네. 마지막 증인으로 한국 대표가 계셨군요. 죄송합니다. 대영박물관에 한국관이 생긴 지 얼마 안 되어 제가 그만 실수를 했습니다."

샤브티는 정중히 사과를 하고 한국 대표를 증인석으로 불렀어요. 한국 대표는 점잖게, 아니 좀 더 솔직하게 말하자면 조금 까다롭게 생긴 선비였어요.

선비는 몸이 말랐고 눈매가 날카로웠어요. 하지만 꼭 다문 입술과 정갈한 옷차림새는, 마음이 깨끗하고 돈에 욕심이 없는 선비같았어요. 선비는 차분하게 말을 시작했어요.

"아무리 한국관이 최근에 생겼다고 하지만 우리도 엄연히 대영박물관에서 중요한 전시장인데 빠트리다니요. 흠흠."

선비의 말에 슬론 경이 가발을 늘어뜨리며 증인석을 내려다보았어요.

"한국관이라니요? 한국이 도대체 어디에 있는 나라입니까?"

슬론 경은 아까부터 호기심어린 눈으로 선비를 가만히 살펴보고 있었어요. 그럴 수밖에요. 슬론 경은 살아 있을 때 한국 이야기를 들어본 적이 없었거든요.

"아, 그 이야기라면 제가 말씀드리겠습니다."

스콧 관장은 기회를 놓칠 세라 아는 체하고 나섰어요.

"한국은 중국보다 좀 더 동쪽에 있는 작고, 세 면이 바다로 둘러싸인 나라예요. 구석기 시대 때부터 인류가 살았지요. 신석기와 청동기 시대 유물도 많이 나왔습니다. 한마디로 역사가 아주 오래된 나라라고 할 수 있지요. 그만큼 훌륭한 문화재도 많은데, 우리 대영 박물관에서는 2000년 11월에 한국관을 열었습니다. 좀 늦은 감도 있습니다만, 구석기 유물부터 청자·백자 같은 훌륭한 예술품을 이백오십여 점이나 전시하고 있지요."

스콧 관장은 단숨에 소개를 마쳤어요. 역시 대영박물관을 대표하는 관장다운 말솜씨였지요.

"그렇군요. 한국을 대표하는 예술품은 어떤 것이 있지요?"

슬론 경은 새롭게 알게 된 한국에 관심을 보이며 스콧 관장한테 질문을 했어요.

그 대답은 증인석에 올라 온 선비가 대신했어요.

"한국의 예술품을 다 살펴보자면 아마 이런 재판이 열 번도 더 열려야 할 것입니다. 하지만 여기서는 꼭 보여 드리고 싶은 작품 두 가지만 소개하겠습니다."

선비는 증인석 옆쪽을 손가락으로 가리켰어요. 그러자 커다란 그림이 나타났어요. 그림은 두 폭짜리 병풍처럼 양쪽으로 접히게 되어 있었지요.

양쪽 날개가 펼쳐지자 재판정은 갑자기 환한 금빛으로 가득 찼어요. 마치 해가 떠오른 것 같았지요.

"세상에! 금으로 그린 그림이라니, 정말 놀랍군."
슬론 경은 눈을 가늘게 뜨고 그림을 바라보았어요.

"이것은 한국의 역사 가운데 불교 미술이 가장 활발했던 고려 시대의 경전 그림입니다. 이 그림의 이름은 '아미타불경 채색 사본'이지요. 푸른 종이에 금과 은으로 그림을 그렸지요. 부처님의 설법을 적은 책을 불경이라고 말하는데, 이 그림은 불경 가운데 부처님이 제자들한테 둘러싸여 가르침을 베푸는 모습을 그린 것입니다."

**아미타불경 채색 사본**
고려 1341년.
부처님이 제자들한테 둘러싸여 가르침을 베푸는 모습이다. 푸른 빛깔 종이에 금빛으로 그림을 그리고 글씨를 썼다.

선비의 설명에 재판정 여기저기에서 감탄하는 소리가 흘러나왔어요.

"14세기에 그려진 것이니까 벌써 칠백 년이 훨씬 넘었군요."

오랜 시간이 지났지만 그림은 그 빛을 하나도 안 잃었어요. 오히려 오랜 세월을 지나는 동안 그 품위가 더더욱 깊어진 듯했어요.

"그때는 불경을 베껴 쓰고 그림으로 그리는 일을 어질고 착한 일로 여겼습니다. 그래서 스님이나 불교를 믿는 사람들은, 다음 세상에 좀 더 좋은 모습으로 태어나려고 화려한 불경과 불화를 많이 만들었지요. 지금 보고 계신 이 그림도 한 스님이 그의 어머님께 드리려고 만든 불경이지요."

"스님 어머니는 좋은 모습으로 다시 태어나셨겠군요."

어머니께 드리려고 그림을 그렸다는 말에 슬론 경도 감동을 받았어요.

"고려 시대에는 아시아에서 으뜸으로 손꼽히는 불교 예술을 꽃피웠습니다. 지금도 고려 불화는 그 아름다움과 세련미로 세계에서 으뜸가는 불화로 인정받고 있습니다. 그런 까닭에 고려 불화는 한국보다 외국에 더 많이 나가 있지요."

선비는 아쉽다는 듯 한숨을 내쉬었어요.

"여기 대영박물관에 한국관이 생긴 지 얼마 안 됩니다만, 외국에 있는 많은 작품들이 알고 보면 일제 강점기와 같은 혼란기에 외국으로 빠져나간 것들입니다. 한국 사람들은 어려운 시대를 살아내느라, 보물이 나라 밖으로 빠져 나간 줄도 모르고 있었고요."

선비의 말에 스콧 관장은 또 속이 뜨끔했어요. 선비의 말투는 아예 한국관에 있는 전시품을 통째로 돌려달라는 것 같았거든요.

스콧 관장은 성급히 손을 들었어요.

"잠깐만요. 분명히 말씀드리지만 한국관은 한국 정부와 한국 사람들이 기부해 만든 전시관이에요. 만약 빼앗긴 문화재를 돌려주기를 원했다면 한국 정부나 한국 후원자들이 한국관을 만드는 데 앞장서서 도와주었겠습니까? 우리는 오래전부터 한국으로부터 한국관을 만들어 달라는 요청을 받았다고요."

"그건 스콧 관장의 말이 맞습니다. 하지만 우리나라에서 그런 요구를 한 것은 빼앗긴 문화재를 포기한다는 뜻이 아닙니다. 넓은 자리를 차지하고 있는 중국관이나 일본관에 견주어 한국 전시실이 아예 없었고, 대영박물관에 있는 한국 예술품들이 사람들한테 제대로 못 소개되고 있었기 때문에 한국관을 만들어 달라고 했던 거지요. 이 사실은 스콧 관장도 똑똑히 알아 두셔야 합니다."

선비가 힘주어 말하자 스콧 관장도 마지못해 고개를 끄덕였어요.

선비는 다시 말을 이었어요.

**유학자의 초상**

18~19세기.
우리나라의 전통 초상화. 우리나라는 아주 오랜 옛날부터 사실주의 기법으로 초상화를 그렸다.

"저만 해도 그렇습니다. 저는 조선 시대, 그러니까 18~19세기 사이에 그려진 유학자의 초상화입니다. 그런데 여기 연구자들은 제 얼굴이 사진만큼 자세하게 묘사된 것을 놓고 서양화법의 영향을 받았다고 합니다. 그것은 잘 모르고 하는 얘기지요. 우리 한국에서는 벌써 오래전부터 초상화는 아주 정밀한 사실주의 화법으로 그렸습니다. 그것이 바로 '전신사조'지요.

전신사조란 그리는 물체를 빼어나게 묘사해 그 정신까지 그림 속에 옮겨 놓는다는 뜻입니다. 아무리 지위가 높고 힘이 있는 사람이라도 그의 얼굴에 우스꽝스러운 사마귀가 있다면, 그의 초상화에도 어김없이 사마귀를 그립니다. 있는 것을 없애거나 없는 것을 보태는 일 없이 털 하나, 주름 하나까지 그렸지요. 그것이 한국 전통 초상화의 변함없는 규칙이었으니까요."

선비는 속이 시원한 듯 한숨을 내쉬었어요. 유리장 안에서 자신을 보며 억지스러운 오해를 쏟아 내는 사람들을 보며 답답해하던 속을 다 털어놓은 듯했어요.

스콧 관장은 콧수염을 만지작거리며 중얼거렸어요.

"한국관이 생긴 지 얼마 안 되어 그런 오해가 생겼나 봅니다. 워낙 한국 미술은 서양에 많이 안 알려져 있어서요. 중국이나 일본에 견주면 정말 안타까울 뿐이지요."

스콧 관장은 이렇게 은근슬쩍 탓을 돌리는 말까지 했어요.

"그런 까닭으로 대영박물관에 한국관을 열었지요. 한국 예술이 한국에서만 사랑받는 것이 아니라 세계 모든 사람들한테 사랑받고 인정받기를 바라서지요. 하지만 대영박물관에 전시되었다고 해서 무조건 세계 사람들한테 알려졌다고 말하기는 어렵지요. 대영박물관에 세상 모든 사람들이 오는 건 아니니까요."

그 말에 청중석 여기저기서 "옳소" 하는 소리가 터져 나왔어요.

스콧 관장은 머리에 망치를 얻어맞은 듯 멍해졌어요.

"대영박물관에 모든 사람들이 오는 건 아니라고?"

스콧 관장은 묵묵히 앉아 생각에 빠져들었어요. 지금껏 자신을 지탱해 왔던 '자부심'이라는 기둥이 흔들리는 느낌이었거든요.

그 사이에 한국관 대표로 나온 선비는 스콧 관장한테 생각할 시간을 주는 듯 조용히 증인 자리에서 물러났어요.

# 한국관의 다른 유물들

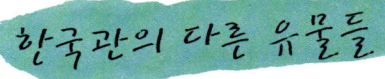

**금귀걸이**
5~7세기쯤.
신라의 왕들은 금을 좋아했다. 왕릉에서 금제품이 많이 나왔는데, 귀걸이도 그 가운데 하나다. 서양에서 이것을 소장하고 있는 곳은 매우 드물다.

**허리띠 고리**
BC 2~1세기.
허리띠를 붙잡아 주는 고리다. 다양한 동물 모양의 고리가 있는데, 동물의 차이는 신분의 차이를 알려 주는 것 같다.

**고려청자**
12세기.
하늘빛 푸른 빛깔의 고려청자로 흰흙으로 문양을 넣었다. 도자기 표면을 파내고 다른 재료를 넣어 문양을 만드는 방식은 우리나라에서 처음 개발했다.

# 판사의 판결

이제 슬론 경의 판결만이 남았어요.

"스콧 관장, 판결 전에 마지막으로 하고 싶은 말이 있으면 지금 해 주십시오."

슬론 경은 스콧 관장한테 마지막으로 말할 시간을 주었어요. 스콧 관장은 뭐라고 말해야 할지 머릿속이 헷갈렸어요. 아까 재판을 시작할 때만 해도 고민할 필요도 없는 문제라고 생각했지요. 하지만 증인들의 이야기를 다 듣고 나니, 스콧 관장의 마음은 확실히 달라졌어요.

스콧 관장은 머리를 감싸 안으며 끙끙거렸어요. 그러다 간신히 입을 뗐어요.

"존경하는 판사님, 대영박물관의 관장으로서 이번 재판은 저한테 좋은 경험이 되었습니다. 유물들의 마음과 진솔한 모습을 볼 수 있었고요."

스콧 관장은 전에 없이 진지한 얼굴로 말을 이었어요. 지금까지 보여 줬던 거만한 모습은 온데간데없었지요.

"재판이 열린 것은 유감스럽지만, 그 덕분에 박물관 관장으로서 새로운 사실을 알게 되어 정말 기쁩니다."

스콧 관장은 천천히 자리에서 일어섰어요. 그러고는 재판석과 청중석을 보며 정중히 인사를 했지요.

인사를 받던 슬론 경은 깜짝 놀라 소리쳤어요.

"앗! 스콧 관장. 자네, 이제 의자에서 일어설 수 있게 됐군."

"네?"

정말이에요. 재판 내내 의자에 꽉 붙어 꼼짝 못하던 스콧 관장이 아주 자연스럽게 의자에서 일어섰어요.

스콧 관장은 두 다리로 꼿꼿이 서 있는 자신을 내려다보았어요.

"글쎄 말입니다. 이게 언제부터 떨어졌지? 혹시 재판이 거의 끝나서 일어설 수 있는 건가?"

그때 두루마리를 정리하던 샤브티가 스콧 관장한테 말했어요.

"재판이 끝났다고 마법이 풀린 것은 아니에요. 관장님의 마음이 바뀌었으

니까 풀렸지요."

샤브티는 슬론 경을 바라보았어요.

"판사님. 어서 판결을 내려 주세요. 스콧 관장의 유물 귀환 방해 혐의는 유죄입니까, 무죄입니까?"

샤브티의 또랑또랑한 목소리가 재판정에 울려 퍼졌어요.

스콧 관장의 얼굴이 어두워졌고 굳어졌어요. 심장도 콩닥콩닥 뛰었지요.

"샤브티, 유죄인지 무죄인지는 네가 더 잘 알지 않느냐? 마법이 풀렸다면서."

슬론 경이 인자하게 웃으며 나무 망치를 높이 쳐들었어요.

"그럼 이번 재판의 판결을 내리겠습니다. 스콧 관장의 혐의는 유죄이자 무죄입니다."

"무슨 판결이 그래요? 유죄이자 무죄라니요?"

샤브티와 스콧 관장이 똑같은 목소리로 물었어요.

"잘 생각해 보게나. 지금까지 자네의 태도는 분명 유죄에 가까웠어. 하지만 이제부터 보일 태도는 또 무죄에 가까울 것이란 말일세. 그러니까 유죄도 되고 무죄도 되는 것이지. 하지만 이것만은 잊지 말게. 언제든 혐의가 커지면 재판은 다시 열릴 테니 말일세. 대영박물관 관장으로서 현명한 판단을 해 주게."

슬론 경은 망치로 판결대를 탕탕 때리더니 자리에서 일어났어요.

"그럼 일도 마쳤으니 슬슬 다시 자리 가 볼까."

슬론 경이 재판정에서 나가자 스콧 관장은 의자에 털썩 주저앉았어요.

"뭐 하세요? 이제 그만 돌아가셔야지요."

샤브티는 어느새 스콧 관장이 앉은 의자 팔걸이에 폴짝 뛰어올라와 있었어요.

"그래. 돌아가야지. 가서 마저 해야 할 일도 있고."

스콧 관장이 대답하자 의자는 다시 공중으로 붕 떠올랐어요. 스콧 관장은 가만히 눈을 감았어요.

"자, 이제 다 왔어요."

샤브티가 스콧 관장의 소매를 흔들었어요. 스콧 관장은 거짓말처럼 관장실 책상 앞에 돌아와 있었지요.

스콧 관장은 책상에 놓인 담화문을 집어들었어요. 그러고는 천천히 다시 읽어 내려갔지요.

"휴, 아무래도 이 담화문은 다시 써야겠는걸."

스콧 관장은 샤브티를 보며 살며시 웃었어요.

다음 날, 대영박물관 기자실에는 많은 기자들이 담화문을 기다리고 있었어요. 기자들은 하나같이 여러 나라의 유물 반환 요구에 스콧 관장이 어떻게 대답할지 궁금해했지요.

"저기, 스콧 관장이 나온다."

스콧 관장이 기자실로 들어서자 여기저기서 플래시가 펑펑 터졌어요. 스콧 관장은 밤새 잠도 못 자고 쓴 담화문을 들고 있었지요.

스콧 관장은 연설대 앞에 서서 담화문을 발표했어요.

"우리 대영박물관에서는 그리스 정부의 엘긴 마블 반환 요청을 아래와 같이 결정했습니다. 그리스 아테네에 있는 '아크로폴리스 박물관'에 엘긴 마블을 빌려 주어 전시할 수 있도록 하려고 합니다. 하지만 이 같은 중요한 안건은 저 혼자만 마음먹는다고 될 수 있는 것이 아니므로, 앞으로 영국 정부와 문화재 관계자 여러분과 상의할 것입니다."

스콧 관장의 말에 여기저기서 기자들이 웅성거렸어요. 그리고 곧이어 질문이 터져 나왔지요.

"바로 며칠 전까지만 해도 유물 반환은 말도 안 되는 소리라며, 말할 가치도 없다고 하셨던 관장님께서 어떤 계기로 생각을 바꾸셨습니까?"

"엘긴 대리석은 대영박물관만의 것이 아니라 나라의 문화재인데, 빌려 준다고 해도 그리스로 돌려보내는 것은 국민의 뜻과 반하는 것이 아닙니까?"

기자들의 물음은 날카로웠어요. 하지만 스콧 관장은 여유롭게 웃으며 기자들이 던진 물음에 차근차근 대답했지요. 어제 저녁 스콧 관장이 재판정에서 겪은 것에 견주면 아무것도 아니었으니까요.

아, 그런데 잘 보세요. 스콧 관장이 서 있는 연설대 한쪽에 샤브티가 오뚝이처럼 서 있네요. 마치 스콧 관장이 심부름이라도 시키면 당장 뛰어나갈 것처럼, 스콧 관장 곁에 꼭 붙어 기자들을 내려다보고 있었어요. 그러고 보니 스콧 관장과 샤브티는 꽤 잘 어울리는 동무 같았어요.

로마와 중세, 르네상스의 유물들

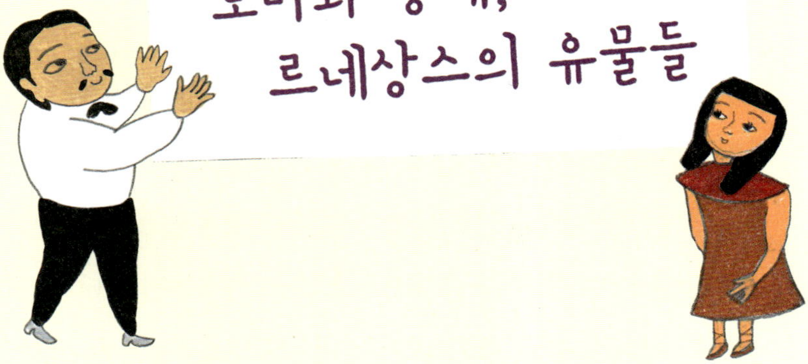

# 로마의 유물들

로마를 세운 사람은 로물루스 형제예요. 로물루스 형제는 어린 시절 부모로부터 버려졌고, 어느 농부가 이 형제를 키워 주었어요. 로물루스 형제는 용감하고 씩씩하게 자라서 나라를 세웠지요.

로마는 그리스와 이집트, 에트루리아 같은 강한 나라에 둘러싸여 있었어요. 이웃 나라의 문화를 받아들여 힘을 키운 로마는 힘센 나라가 되었지요. 테라코타와 청동 작품, 신전 건축, 문자 같은 로마 미술도 일찍부터 둘레에 있는 여러 나라의 영향을 많이 받았어요. 로마의 문자는 그리스 문자로부터 나왔고, 동전은 그리스 동전을 본떠 만들었어요.

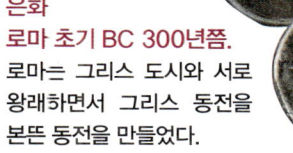

**은화**
로마 초기 BC 300년쯤.
로마는 그리스 도시와 서로 왕래하면서 그리스 동전을 본뜬 동전을 만들었다.

**부부 묘비**
BC 30~10년쯤.
아우구스투스 황제는 해방된 노예들한테 로마 시민과 결혼을 할 수 있는 특권을 주었다. 이 묘비는 장례 기념물로 로마인 사제와 노예였던 그의 부인한테 주려고 만들었다.

**아우구스투스 황제 조각상**
BC 27~25년쯤.
메로이에서 발견한 청동으로 만든 아우구스투스 황제의 머리. 황제의 조각상과 황제의 얼굴을 새긴 동전은, 로마 제국 곳곳에서 황제의 이미지를 선전하는 물건으로 쓰였다.

# 중세 유럽의 유물들

5세기 로마 제국이 멸망하자 영국에는 앵글로색슨 족이, 프랑스나 독일·이탈리아에는 게르만 족이 새로운 나라를 세웠어요. 게르만 족이 나라를 지배하면서 게르만 족의 예술도 함께 떠올랐어요.

9세기부터 12세기에는 유럽 곳곳에서 둥근 아치와 터널 천장 모양이 특징인 로마네스크 건축 양식을 교회와 사원을 짓는 데 썼어요.

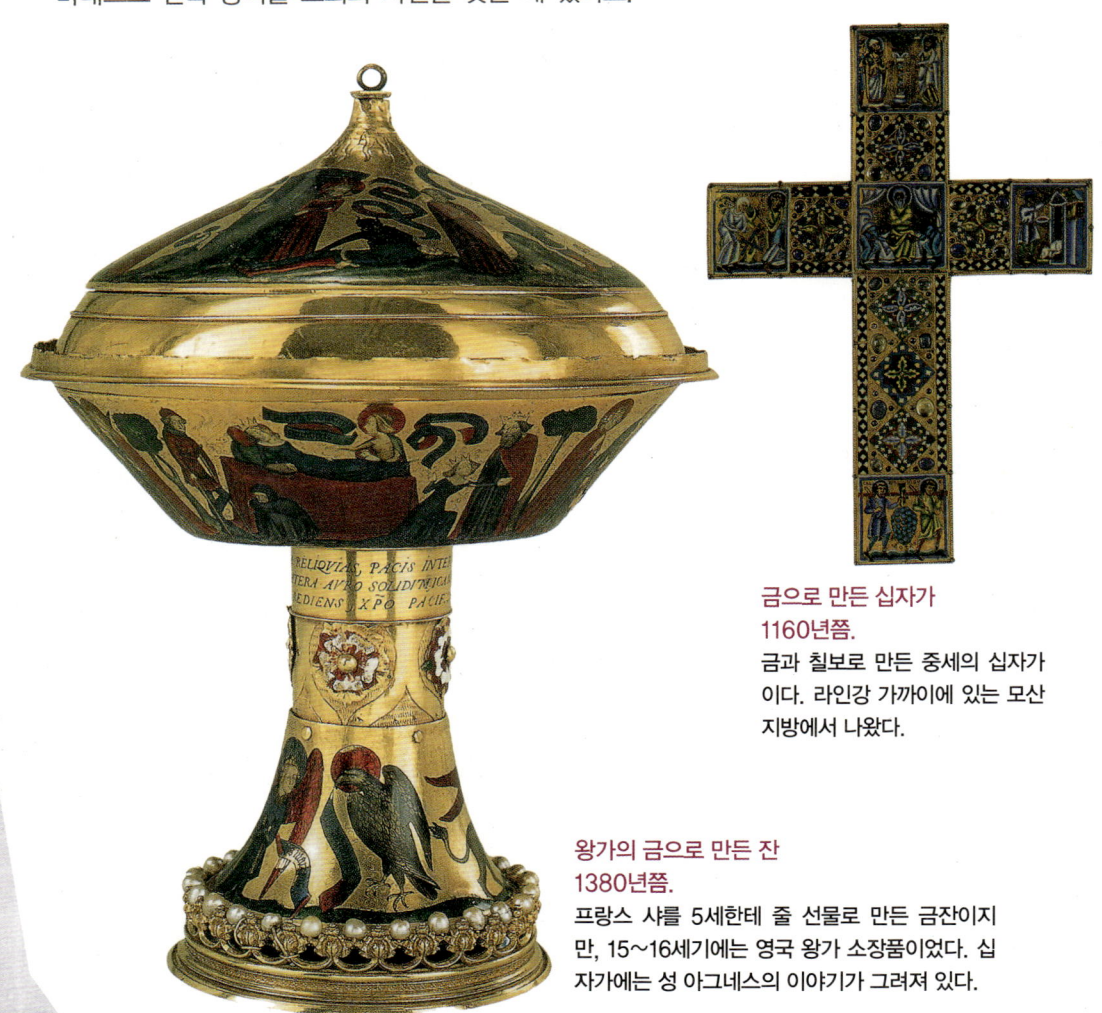

### 금으로 만든 십자가
### 1160년쯤.
금과 칠보로 만든 중세의 십자가이다. 라인강 가까이에 있는 모산 지방에서 나왔다.

### 왕가의 금으로 만든 잔
### 1380년쯤.
프랑스 샤를 5세한테 줄 선물로 만든 금잔이지만, 15~16세기에는 영국 왕가 소장품이었다. 십자가에는 성 아그네스의 이야기가 그려져 있다.

**대천사 미카엘**
**6세기.**
그리스와 로마의 전통을 잘 보여주는 대천사 미카엘 상이다. 상아로 만들었고 영웅 조각상의 느낌이 살아 있다.

**브로치**
**8세기 중·후기.**
왕이나 교회에서 썼던 값진 유물이다. 이 브로치는 대영박물관 중세 소장품 가운데 가장 정교하다.

**철제 투구**
**1939년.**
영국 서포크에 있는 써튼 후 무덤에서 나온 철제 투구다. 이 유물 말고도 금과 귀금속, 무기, 물통, 악기 같은 앵글로색슨족 매장물이 나왔다.

## 르네상스의 유물들

14세기에서 1564년 미켈란젤로가 죽을 때까지를 르네상스 시대라고 일컬었어요. 르네상스 시대의 원칙은 이탈리아 예술에 가장 잘 표현되었어요. 미켈란젤로는 이탈리아의 피렌체에서 태어났고, 피렌체는 유럽 예술의 중심지가 되었지요. 미켈란젤로는 로마 사람들처럼 주로 인물 조각상을 만들었어요.

**완벽한 미인 두상**
**1520년쯤.**
르네상스의 천재 화가 미켈란젤로가 그린 완벽한 미인 얼굴 그림이다. 미켈란젤로는 가까운 친구나 후원자한테 선물하려고 더욱 세밀하게 그렸다.

**페가수스 화병**
**1778년.**
고대 로마의 양식을 따라 만든 화병이다. 작가 존 폴락스만이 직접 대영박물관에 기증했다.

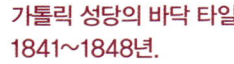

**가톨릭 성당의 바닥 타일**
**1841~1848년.**
영국 런던에 있는 가톨릭 성당의 바닥 타일이다. 성당 건축가 푸긴이 도안한 이 타일은 중세 교회에 자주 나오는 그림을 새로운 느낌으로 만들어 냈다.